Cuaderno de práctica

Kindergarten

Volumen 2

Printed in the U.S.A.

ISBN 10: 0-54-725001-0
ISBN 13: 978-0-54-725001-4

9 - 0877 - 14 4500469442

Contenido

Contenido

Nombre ______________________

son cómo

1. ¿ ______________________ ?

2. ______________ curiosas.

3. ¿ ______________ juegan?

Instrucciones Pida a los niños que lean las oraciones y observen las ilustraciones. Luego pídales que escriban la palabra *son o cómo* para completar las oraciones. Guíelos para que usen mayúscula en la primera letra al comienzo de las oraciones. Luego pídales que lean las oraciones en voz alta.

Pida a los niños que señalen las letras que reconocen en la página y digan el nombre de cada una. Luego pídales que aplaudan una vez por cada palabra mientras vuelven a leer las oraciones en voz alta. Pida a los niños que digan otras oraciones con las palabras *son* y *cómo*.

Nombre ______________________________

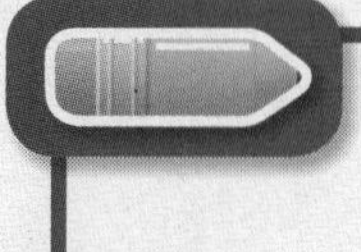

1.  Vv 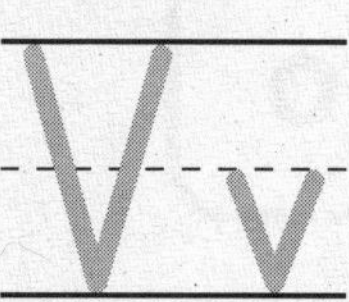  

2.

Instrucciones Pida a los niños que digan el nombre del Alfamigo y escriban su letra. Pídales que tracen y escriban *V* y *v*. Luego, pídales que escriban *Vv* al lado de las ilustraciones cuyos nombres empiecen con el sonido /b/.

Recuerde a los niños que escriban las letras mayúscula y minúscula de manera que puedan leerse con facilidad, de izquierda a derecha y de arriba hacia abajo.

Nombre ____________________

1. **va ve vi vo vu**

2.

Instrucciones Lea a los niños las sílabas que se muestran en el recuadro. Luego, pídales que observen las ilustraciones y escriban las sílabas correspondientes al lado de cada una. Señale que la sílaba puede estar al principio o en el medio de la palabra.

Recuerde a los niños que escriban las sílabas de manera que puedan leerse con facilidad, de izquierda a derecha y de arriba hacia abajo.

Nombre ______________________________

Palabras con *v*

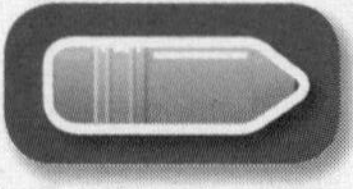

1.

vela bola

2.

leo veo

3.

cavo carro

4.

uva una

Instrucciones Pida a los niños que observen la primera ilustración. Lea las palabras. Luego, pídales que encierren en un círculo la palabra que coincide con la ilustración. Repita con el resto de las ilustraciones y las palabras.

Pida a los niños que digan la palabra que coincide con cada ilustración. Ayude a los niños a pensar grupos de palabras que empiecen con el sonido /b/. Por ejemplo, *Valeria va a ver a su vecino*.

Nombre ______________________________

Detalles

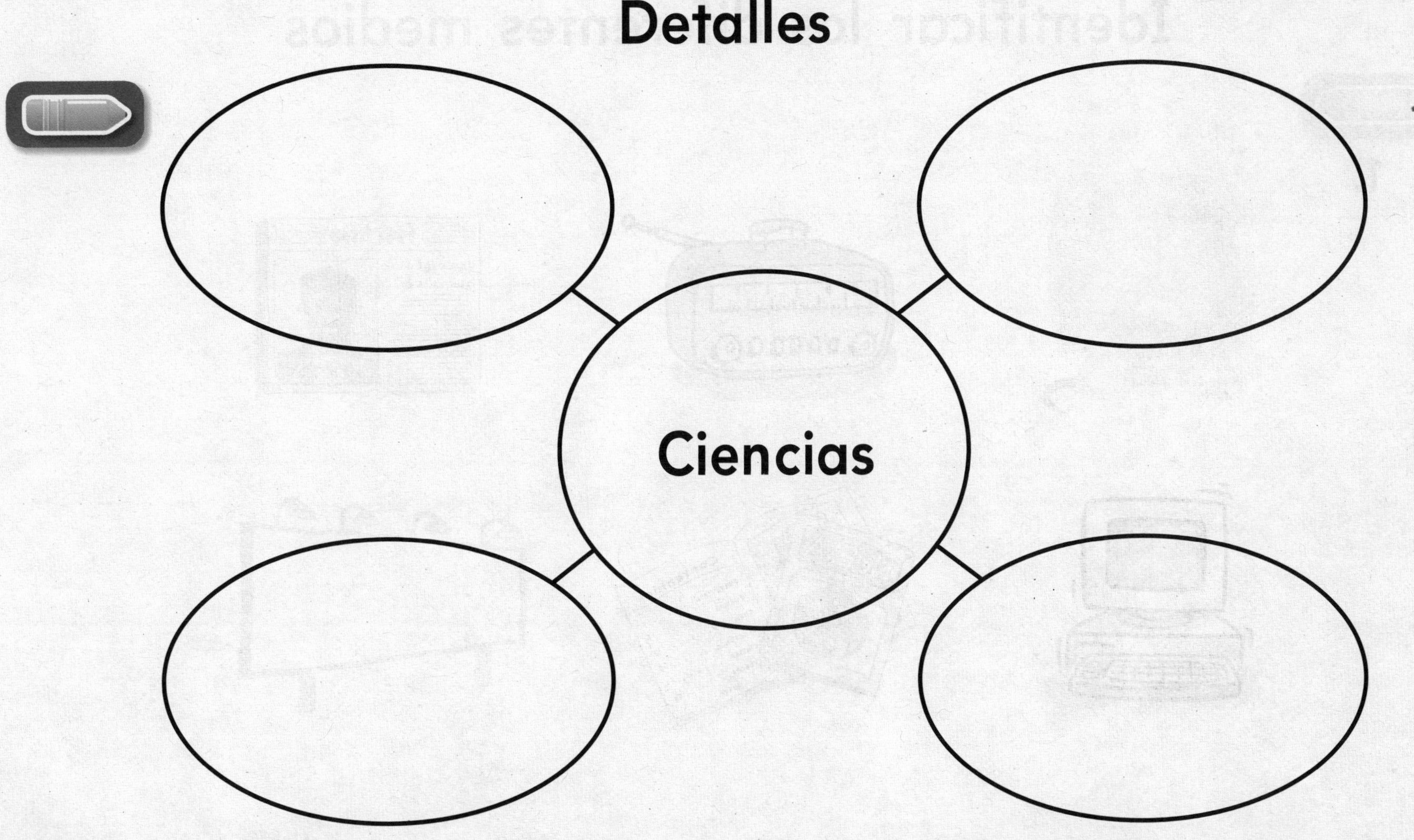

Instrucciones Pida a los niños escriban o dibujen los detalles que aprendieron en el cuento que se relacionan con la idea principal de *Ciencias*.

Pida a los niños que muestren sus palabras o ilustraciones a la clase. Dígales que hablen con claridad y que escuchen con atención a los demás.

Nombre ______________________

Identificar los diferentes medios

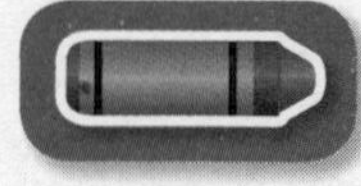

1.

Instrucciones Hojee *Benjamin Franklin, inventor* con los niños. Explique que los medios son una manera de dar información a muchas personas. Pida a los niños que identifiquen los diferentes medios. Luego, pídales que encierren en un círculo los medios donde creen que hallarían más información acerca de Benjamin Franklin y sus inventos. Pídales que se turnen para explicar su elección y que hablen usando oraciones completas.

Nombre ______

Sustantivos propios para personas y mascotas

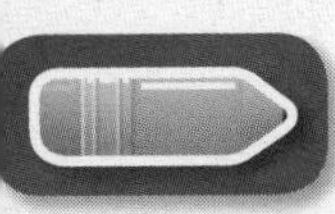

Ema Sr. Vargas Pipo

1. El perro juega con la pelota. ______

2. La niña juega al fútbol. ______

3. El hombre lee. ______

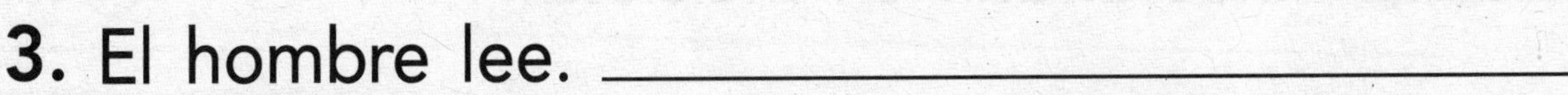

4. ______

Instrucciones Lea las oraciones con los niños. Pídales que escriban uno de los nombres del recuadro para nombrar a la persona o la mascota. Luego, pida a los niños que escriban una oración completa con uno de los nombres. Pídales que comiencen la oración con mayúscula y que la terminen con un punto. Pida a los niños que comenten las oraciones con la clase.

Nombre ______________________

los las este esta

1. ______________ niños buscan juguetes.

2. ¿Es ______________ tu bate?

3. ______________ niñas andan en bicicleta.

4. ¡ ______________ es mi sombrero!

Instrucciones Pida a los niños que lean las oraciones y observen las ilustraciones. Luego pídales que escriban las palabras *los, las, este* o *esta* para completar las oraciones. Guíe a los niños para que usen mayúsculas en las palabras *los, las, este* y *esta* al comienzo de la primera, la tercera y la última oración. Luego pídales que lean las oraciones completas en voz alta. Pida a los niños que señalen y digan los nombres de las letras que reconocen en la página. Luego, pídales que aplaudan una vez por cada palabra mientras vuelven a leer las oraciones en voz alta. Pida a los niños que digan otras oraciones con las palabras *los, las, este* o *esta*.

Nombre ______________________________

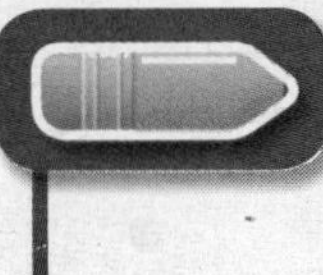

1. k Kk Kk

2. q Qq Qq

3.

15

Instrucciones Pida a los niños que escriban su nombre en la parte superior de la página. Pídales que escriban el nombre del Alfamigo y su letra. Pídales que tracen y escriban las letras minúsculas y mayúsculas. Luego, pídales que escriban *Kk* y *Qq* al lado de las ilustraciones cuyos nombres empiecen con el sonido /k/. Recuerde a los niños que escriban las letras mayúscula y minúscula de manera que puedan leerse con facilidad, de izquierda a derecha y de arriba hacia abajo.

Nombre ______________________

1. ka ke ki ko ku que qui

2.

Instrucciones Pida a los niños que observen las sílabas que se muestran en el recuadro. Luego, pídales que observen las ilustraciones y escriban las sílabas correspondientes al lado de las ilustraciones. Aclare a los niños que la sílaba puede estar al principio o en el medio de la palabra.

Recuerde a los niños que escriban las sílabas de manera que puedan leerse con facilidad, de izquierda a derecha y de arriba hacia abajo.

Nombre ____________________

Palabras con *k* y *q*

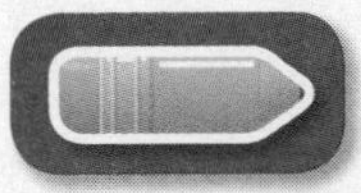

1.

___ ___ ___

2.

___ ___

3.

___ ___

4.

maqueta paquete

Instrucciones Pida a los niños que observen la primera ilustración y la nombren. Luego, pídales que escriban la sílaba que falta para completar el nombre de la ilustración. Repita el procedimiento con la segunda y tercera ilustración. Pida a los niños que observen la cuarta ilustración. Lea las palabras y luego, pídales que encierren en un círculo la palabra que coincide con la ilustración. Recuerde a los niños que escriban las sílabas de manera que puedan leerse con facilidad, de izquierda a derecha y de arriba hacia abajo.

Nombre ______________________

Conclusiones

Al niño le encantan los insectos.	El niño ve una mariposa.	El niño ve un grillo.

Instrucciones Diga a los niños que va a leer en voz alta oraciones con información sobre el cuento. Pídales que hagan dibujos de lo que creen que puede ocurrir.

Pida a los niños que muestren sus dibujos a la clase. Comente con ellos la manera en que usaron lo que sabían antes y lo que sabían después de leer el cuento al hacer sus dibujos.

Nombre ________________________________

Identificar las fuentes

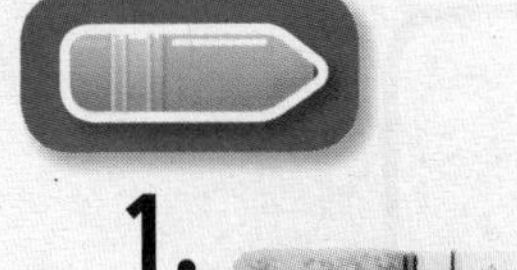

1.

2.

Instrucciones Pida a los niños que encierren en un círculo el mejor lugar para hallar información acerca de los insectos. Pídales que identifiquen qué tipo de fuentes o personas podrían usar. Luego, pida a los niños que dibujen una fuente o persona que usarían. Pídales que se turnen para explicar su elección y que hablen con claridad y usando oraciones completas.

Nombre ____________________

Sustantivos propios que indican lugar

calle Rosa   escuela Mares   río Rojo

1. Mi casa está en la ____________________.

2. Nos gusta pescar en el ____________________.

3. Voy a la ____________________.

4. ____________________

Instrucciones Lea las oraciones con los niños. Pídales que completen las oraciones con el nombre de un lugar del recuadro. Luego, pida a los niños que escriban una oración con uno de los nombres. Pídales que comiencen la oración con letra mayúscula y la terminen con un punto. Pida a los niños que compartan sus oraciones con la clase.

Nombre ______________________________

en ser

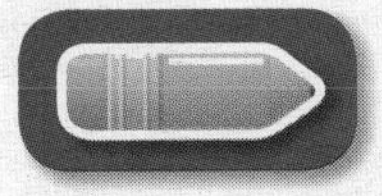

1. Paula quiere ________ un gato.

2. Simón quiere ________ un ratón.

3. Tomi quiere ________ un perro ________ la fiesta.

Instrucciones Pida a los niños que lean las palabras del recuadro y observen las ilustraciones. Luego pídales que escriban la palabra *ser o en* para completar las oraciones. Pida a los niños que lean las oraciones completas en voz alta.

Pida a los niños que señalen y digan los nombres de las letras que reconocen en la página. Luego, pídales que aplaudan una vez por cada palabra mientras vuelven a leer las oraciones en voz alta. Pida a los niños que digan otras oraciones con las palabras *ser y en*.

Nombre ______________________

1. 

Ch Chch

2.

3.

Instrucciones Pida a los niños que escriban el nombre del Alfamigo y su letra. Pídales que tracen y escriban *Ch y ch*. Luego, pídales que escriban *Chch* al lado de las ilustraciones cuyos nombres empiecen con el sonido /ch/. Pregunte a los niños con qué letra empiezan las palabras que no empiezan con el sonido /ch/.

Recuerde a los niños que escriban las letras mayúscula y minúscula de manera que puedan leerse con facilidad, de izquierda a derecha y de arriba hacia abajo.

Nombre ______________________

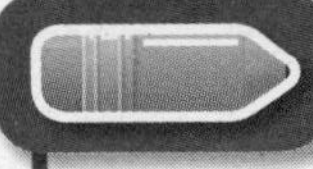

cha che chi cho chu

2.

Instrucciones Lea a los niños las sílabas que se muestran en el recuadro. Luego, pídales que observen las ilustraciones y escriban las sílabas correspondientes al lado de las ilustraciones. Aclare a los estudiantes que la sílaba puede estar al principio o en el medio de la palabra. Recuerde a los niños que escriban las sílabas de manera que puedan leerse con facilidad, de izquierda a derecha y de arriba hacia abajo.

Nombre ______________________

Palabras con *ch*

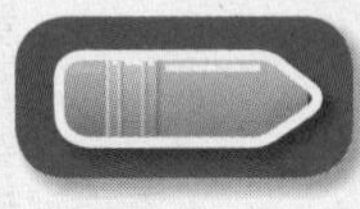

1.

leche teje

2.

chimenea techo

3.

hacha casa

4.

chico chivo

Instrucciones Pida a los niños que observen la primera ilustración. Pídales que encierren en un círculo la palabra que coincide con la ilustración. Repita el procedimiento con el resto de las ilustraciones y las palabras.

Lea las palabras una por una y guíe a los niños para que identifiquen el sonido /ch/ donde corresponda. Luego, pídales que piensen en otras palabras que empiecen con *Ch* y las digan en voz alta.

Nombre ______________________________

El propósito del autor

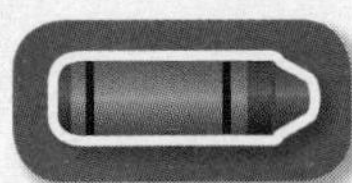

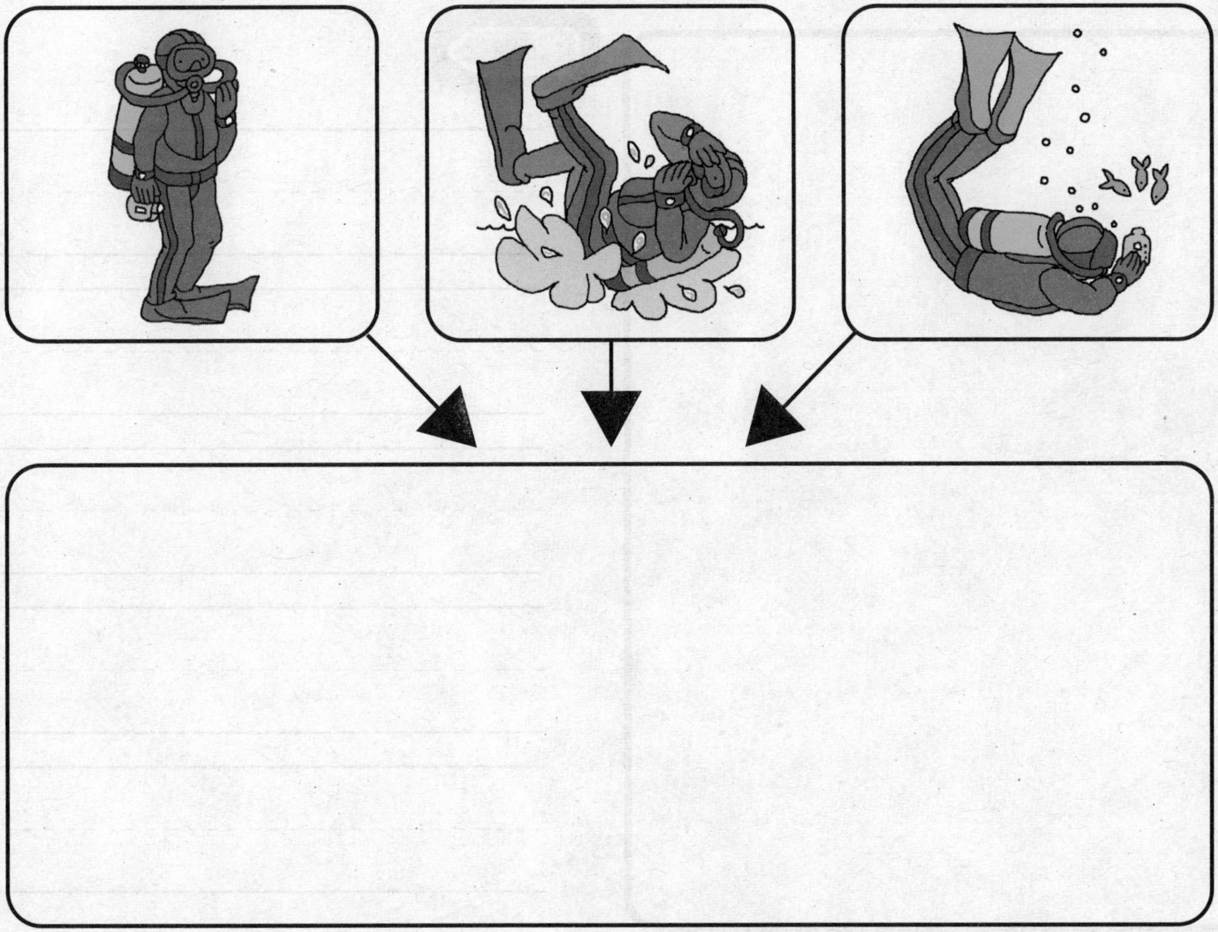

Instrucciones Pida a los niños que observen las ilustraciones en los recuadros. Pídales que hagan dibujos que muestren lo que el autor quiso que aprendieran en la selección.

Comente con los niños algunos motivos que podrían tener para leer u oír la selección. Pídales que vuelvan a contar algunos datos importantes que hayan aprendido.

Nombre ______________________

Registrar y publicar una investigación

Instrucciones Hojee *En el mar azul.* Comente con los niños dónde podrían hallar más información acerca de los colores de los animales marinos. Pídales que documenten la investigación con palabras e ilustraciones. Pida a los niños que publiquen la investigación escribiendo una oración completa y que la muestren a la clase.

Nombre ______________________

Verbos en tiempo futuro

Nosotros Yo

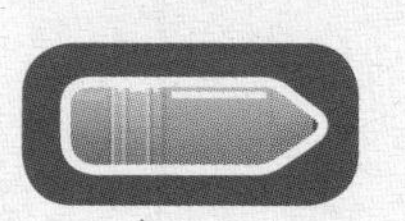

1. ______________________

2. ______________________

Instrucciones Pida a los niños que nombren las ilustraciones. Luego pídales que completen las oraciones con una palabra del recuadro y que encierren en un círculo el dibujo que muestra lo que ocurrirá en el futuro.

Pida a los niños que lean las oraciones en voz alta usando un verbo de acción para describir el dibujo que encerraron en un círculo. Dígales que hablen claro mientras comparten sus oraciones y que escuchen con cuidado a los otros niños mientras hacen lo mismo.

Nombre ____________________

van para

1. ¿Este auto es __________ ir al lago?

2. Quiero un auto __________ ir al lago.

3. ¿A dónde __________ todos los autos?

4. ¡Los autos __________ al lago!

Instrucciones Pida a los niños que lean las oraciones y observen las ilustraciones. Luego, pídales que escriban la palabra *para* o *van* para completar las oraciones. Pida a los niños que lean las oraciones completas en voz alta.

Recuerde a los niños que escriban las letras de manera que puedan leerse con facilidad, de izquierda a derecha y de arriba hacia abajo.

Nombre ______________________

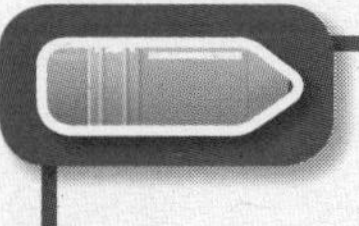

1.   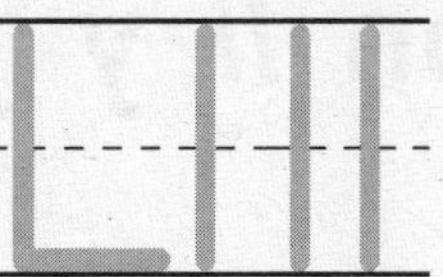  

2.

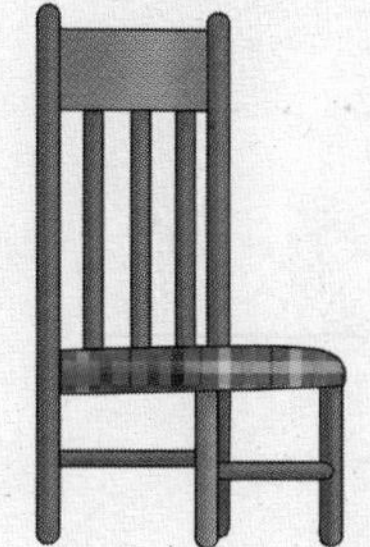  

Instrucciones Pida a los niños que escriban el nombre del Alfamigo y su letra. Pídales que tracen y escriban *Ll* y *ll*. Luego, pídales que escriban *Ll ll* al lado de las ilustraciones que tengan el sonido /y/. Pregunte a los niños con qué letra empiezan las palabras que no tienen el sonido /y/. Señale que las letras *ll* e *y* tienen el mismo sonido y pida a los niños que piensen en otras palabras con el sonido /y/ que se escriban con *y*, como *yema*.
Recuerde a los niños que escriban las letras mayúscula y minúscula de manera que puedan leerse con facilidad, de izquierda a derecha y de arriba hacia abajo.

Nombre ______________________

Palabras con *ll* y *y*

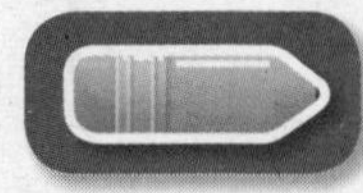

1. 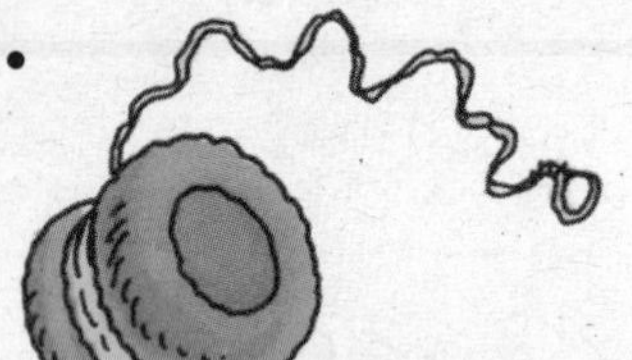

2. 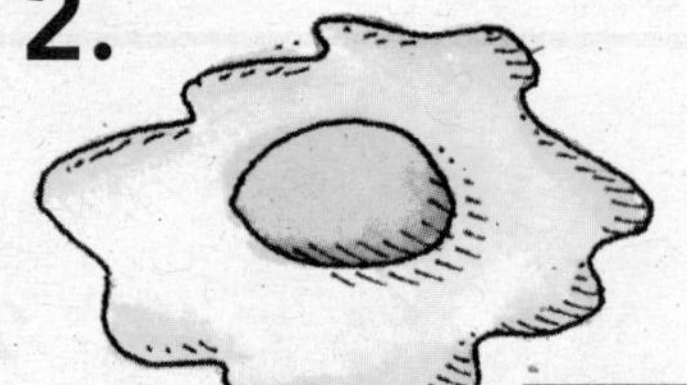

3. 

4. 

Instrucciones Pida a los niños que observen las ilustraciones. A continuación, diga en voz alta la palabra calle y pida a los niños que señalen la ilustración que coincide con la palabra que usted dijo y que contienen el sonido /y/. Las palabras deben pronunciarse con el sonido /y/. Repita el procedimiento con las siguientes palabras: *yo-yo, playa, yema.*

Nombre ____________________

Palabras con *ll*

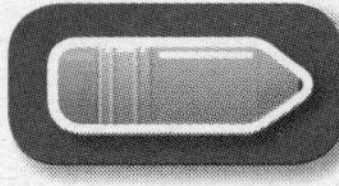

1.

c a b a ______

2.

b o t e ______

3.

g a ______

4.

r o d i ______

Instrucciones Pida a los niños que observen la primera ilustración y la nombren. Luego, pídales que escriban la sílaba que falta para completar el nombre de la ilustración. Repita el procedimiento con el resto de las ilustraciones.

Recuerde a los niños que escriban las sílabas de manera que puedan leerse con facilidad, de izquierda a derecha y de arriba hacia abajo.

Nombre ______________________

Causa y efecto

Causa	Efecto
Las ovejas se pierden.	

Instrucciones Lea en voz alta la causa en el cuento y coméntela con los niños. Pídales que hagan dibujos de un efecto. Pida a los niños que muestren sus dibujos a la clase y digan el suceso clave de sus dibujos.

Nombre ______________________________

Hacer preguntas

Instrucciones Pida a los niños que compartan las preguntas que puedan tener acerca de *Las ovejas van de excursión.* Anímelos a comentar los diferentes lugares a los que van las ovejas. Recuerde a los niños que hablen usando oraciones completas.

Pida a los niños que hagan un dibujo de un lugar que elijan de la selección. Pídales que se turnen para explicar su elección y que hablen con claridad y usando oraciones completas.

Nombre ______________________

Verbos en pasado

Tú Nosotros

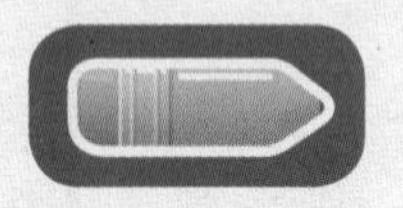

1. ______________________

2. ______________________

Instrucciones Pida a los niños que nombren las ilustraciones. Luego pídales que completen las oraciones con las palabras del recuadro y que encierren en un círculo las ilustraciones que muestran lo que ocurrió en el pasado. Pida a los niños que lean las oraciones en voz alta usando un verbo en pasado para describir las ilustraciones que encerraron en un círculo. Dígales que hablen con claridad al compartir las oraciones y que escuchen con atención a los otros niños mientras hacen lo mismo.

Nombre ______________________

Verbos en imperativo

mira salta ven

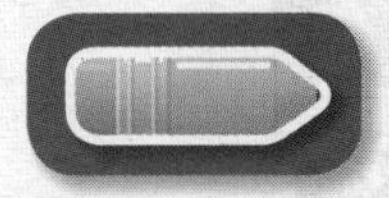

1. ______________ conmigo.

2. ______________ el espejo.

3. ¡ ______________ conmigo!

Instrucciones Pida a los niños que lean las palabras del recuadro y que observen las ilustraciones. Luego pídales que escriban la palabra *mira, ven* o *salta* para completar las oraciones. Guíelos para que usen mayúscula en la primera letra al comienzo de las oraciones. Pida a los niños que lean las oraciones en voz alta. Dígales que hablen con claridad al compartir las oraciones y que escuchen con atención a los otros niños mientras hacen lo mismo.

Nombre ______________________________

los van ser las en para cómo son este

1. Esto es ________ ti.

2. ¿Qué hay en ________ bolsas?

3. Me gusta ________ sombrero.

4. ¡ ________ me gusta el sombrero!

5. ________ niños cantan.

6. Los niños ________ a la escuela.

7. Las niñas ________ amigas.

8. Los niños están ________ un parque de diversiones.

9. El niño quiere ________ músico.

Instrucciones Pida a los niños que lean las oraciones del recuadro y observen las ilustraciones. Luego pídales que escriban las palabras correctas del recuadro para completar las oraciones y que escriban con letra mayúscula las primeras letras de la cuarta y la quinta oración. Pida a los niños que lean las oraciones completas en voz alta.

Pida a los niños que señalen y digan los nombres de las letras que reconocen en la página. Luego, pídales que aplaudan una vez por cada palabra mientras vuelven a leer las oraciones en voz alta. Pida a los niños que cuenten un cuento usando todas las Palabras que quiero saber.

Nombre ______________________________

Mis ideas

Instrucciones Ayude a los niños a **generar ideas** para escribir. Pida a los niños que escriban ideas para sus cuentos de la vida real debajo de *Mis ideas.*

Guíe a los niños para que escriban palabras o hagan dibujos que muestren los personajes, los escenarios y lo que ocurrirá en los cuentos.

Nombre ______________________

1.  Ññ Ññ

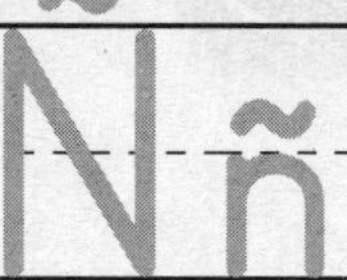

2.

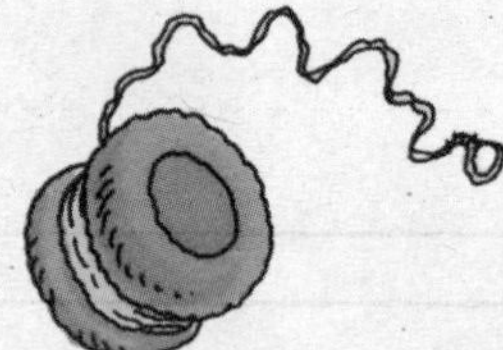

Instrucciones Pida a los niños que escriban el nombre del Alfamigo y su letra. Pídales que tracen y escriban *Ñ* y *ñ*. Luego, pídales que escriban *Ññ* al lado de las ilustraciones cuyos nombres tengan el sonido /ñ/. Pregunte a los niños con qué letra empiezan las palabras restantes.

Recuerde a los niños que escriban las letras mayúscula y minúscula de manera que puedan leerse con facilidad, de izquierda a derecha y de arriba hacia abajo.

Nombre ____________________

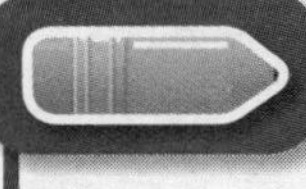

1. ña ñe ñi ño ñu

2.

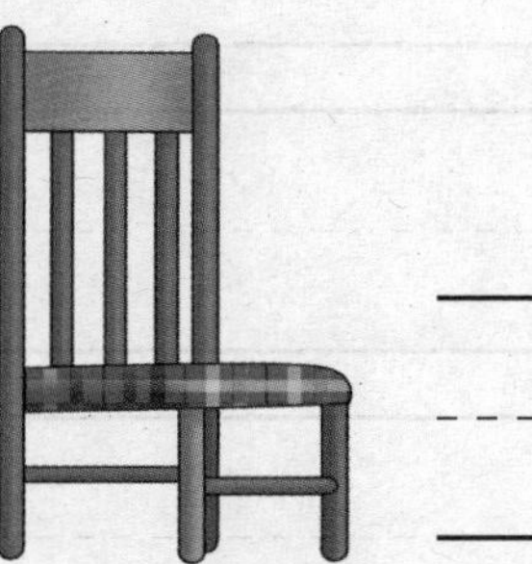

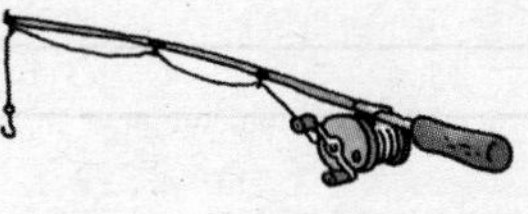

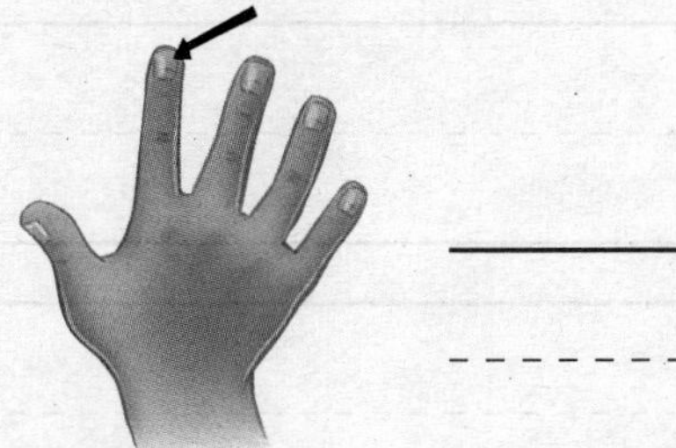

Instrucciones Pida a los niños que observen las sílabas que se muestran en el recuadro. Luego, pídales que observen las ilustraciones y escriban las sílabas correspondientes al lado de las ilustraciones. Aclare a los estudiantes que las sílabas están en el medio de la palabra y no al principio.

Recuerde a los niños que escriban las sílabas de manera que puedan leerse con facilidad, de izquierda a derecha y de arriba hacia abajo.

Nombre ______________________

Mi cuento

Instrucciones Ayude a los niños a **desarrollar borradores** para escribir. Anímelos a usar las ideas de la página 31 del Cuaderno de práctica como guía para escribir borradores de los cuentos de la vida real.

Pida a los niños que usen lo que saben acerca de las letras y las palabras para escribir los cuentos. Recuérdeles que piensen en los sucesos de sus cuentos y en el orden en que ocurrieron. Pida a los niños que comiencen a ordenar en secuencia los detalles y acciones de sus cuentos.

Nombre ______________________

Palabras con *ñ*

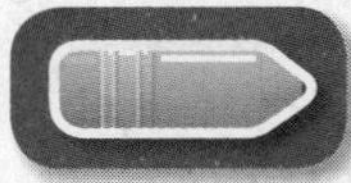

1.

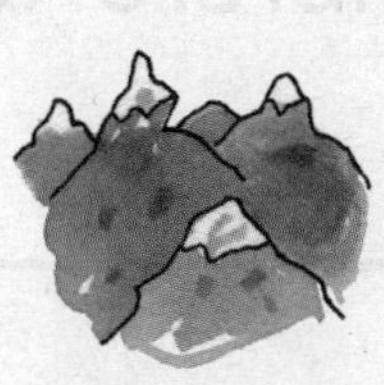

monta ______

2.

ara ______

3.

sue ______

4.

mo ______

Instrucciones Pida a los niños que observen la primera ilustración y la nombren. Luego, pídales que escriban la sílaba que falta para completar el nombre de la ilustración. Repita el procedimiento con el resto de las ilustraciones.

Recuerde a los niños que escriban las sílabas de manera que puedan leerse con facilidad, de izquierda a derecha y de arriba hacia abajo.

Nombre ______________________

Secuencia de sucesos

Jorge el curioso y el hombre del sombrero amarillo van al Museo de Dinosaurios.

Jorge el curioso va a la cantera y ayuda a excavar para buscar huesos de dinosaurio.

Instrucciones Explique a los niños que van a leer oraciones acerca del comienzo y el desarrollo del cuento en voz alta. Pídales que hagan dibujos de algo que ocurra al final del cuento.

Pida a los niños que muestren los dibujos y señalen el suceso clave al final del cuento. Luego pídales que cuenten o actúen el final. Pida a los niños que expliquen por qué en la última página hay un cartel delante del dinosaurio.

Nombre ______________________

Mi cuento

Instrucciones Ayude a los niños a **revisar el borrador** que escribieron. Ayúdelos a leer los cuentos de la vida real que escribieron en la página 34 del Cuaderno de práctica. Hable acerca de las oraciones y los detalles que podrían agregar para mejorar sus cuentos.

Ayude a los niños a organizar sus cuentos en un comienzo, un desarrollo y un final. Pídales que escriban sus cuentos revisados en las líneas de arriba.

Nombre ____________________

Mi cuento

Instrucciones Ayude a los niños a **corregir el borrador** de lo que escribieron. Ayude a los niños a leer los cuentos de la vida real que escribieron en la página 37 del Cuaderno de práctica. Pídales que escriban los cuentos de nuevo en las líneas de arriba para corregir sus borradores. Recuérdeles que deben dejar espacios entre las letras y palabras y que escriban usando oraciones completas. Recuérdeles que escriban con mayúscula la primera letra de todas las oraciones y que las terminen con la puntuación correcta. Si es necesario, pídales que consulten un diccionario ilustrado para revisar la ortografía.

Nombre ______________________________

Identificar los diferentes medios y técnicas

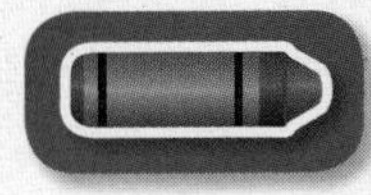

1.

Instrucciones Hojee junto a los niños *Explorar la tierra y el agua.* Recuerde a los niños que los medios son maneras de dar información a muchas personas. Pídales que identifiquen los diferentes medios. Luego pídales que encierren en un círculo los medios que ellos creen que podrían tener más información acerca del tamaño, la forma y la ubicación de los ríos. Pida a los niños que se turnen para explicar su elección y que hablen usando oraciones completas.

Nombre ______________________________

Verbos: Pasado, presente, futuro

patiné patino patinaré

1. Ayer ____________________.

2. Hoy ____________________.

3. Mañana ____________________.

Instrucciones Hable a los niños acerca de las ilustraciones. Luego, pídales que completen las oraciones con las palabras del recuadro. Pida a los niños que lean las oraciones en voz alta. Pídales que digan si las oraciones hablan del presente, el pasado o el futuro. Pídales que hablen con claridad mientras comparten sus oraciones y que escuchen con atención a los otros niños mientras hacen lo mismo.

Nombre ______________________

Verbos en imperativo

mira	entra	dame	vamos

1. ¡__________ la bicicleta!

2. ¡__________ a andar en bicicleta!

3. ¡__________ al agua, Pipo!

4. ¡__________ cómo le gusta el agua!

Instrucciones Lea las oraciones con los niños. Pídales que completen las oraciones con una palabra del recuadro. Luego, pida a los niños que escriban oraciones usando las palabras del recuadro. Dígales que las oraciones comienzan con mayúscula y terminan con punto. Pida a los niños que compartan sus oraciones con la clase.

Nombre ______________________

Mi cuento

Instrucciones Ayude a los niños a **compartir** lo que escribieron. Pídales que escriban los borradores finales de sus cuentos en las líneas de arriba. Tal vez los niños quieran hacer dibujos para ilustrar sus cuentos. Pídales que se turnen para leer sus cuentos en voz alta.

Guíe a los niños para que expliquen la secuencia de sucesos. Pídales que identifiquen y usen palabras que indiquen secuencia como *primero, después* y *por último*. Recuerde a los niños que escuchen atentamente a los otros niños mientras hablan y que hablen en voz alta y con claridad cuando compartan sus propios cuentos.

Nombre ______________________

jugar hacer

1. Vamos a ______________ con una bolsa.

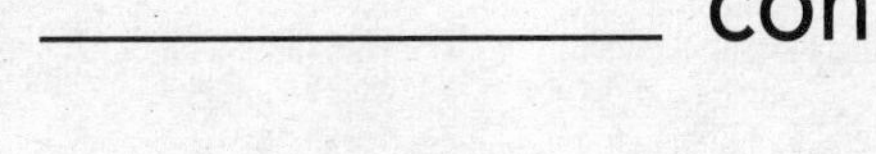

2. ¡Voy a ______________ un cerdo!

3. ¡Voy a ______________ un gato!

Instrucciones Pida a los niños que lean las palabras del recuadro y nombren las ilustraciones. Luego, pídales que escriban las palabras *hacer* o *jugar* para completar las oraciones. Pida a los niños que lean las oraciones completas en voz alta.

Pida a los niños que señalen y digan los nombres de las letras que reconocen en la página. Luego, pídales que aplaudan una vez por cada palabra mientras vuelven a leer las oraciones en voz alta. Pida a los niños que digan otras oraciones con las palabras *hacer* o *jugar*.

Nombre ____________________

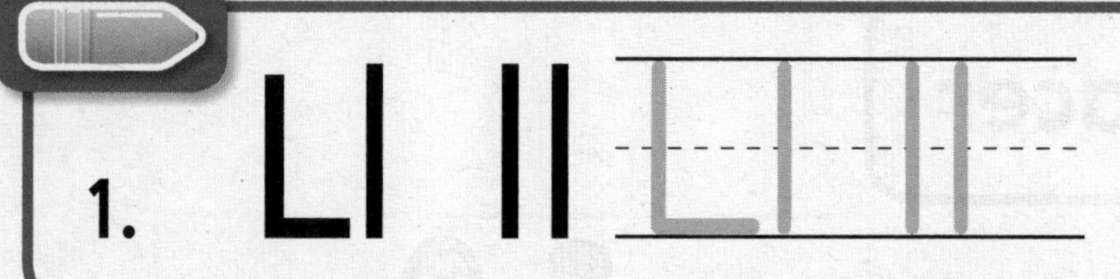

1. Ll ll Ll ll Ññ Ñ ñ

Instrucciones Pida a los niños que observen las letras del recuadro y que escriban *Ll ll* y *Ññ*. Luego, pídales que nombren las ilustraciones y que escriban *Ll ll* o *Ññ* al lado de las palabras que tengan el sonido /y/ o /ñ/, al principio o en el medio. Pida a los niños que piensen otras palabras que tengan los sonidos /y/ o /ñ/. Recuérdeles que escriban las letras mayúscula y minúscula de manera que puedan leerse con facilidad, de izquierda a derecha y de arriba hacia abajo.

Nombre ______________________

lla lle lli llo llu ña ñe ñi ño ñu

1.

______ ______

2.

______ ______

3.

______ ______

4.

______ ______

Instrucciones Pida a los niños que observen las sílabas que se muestran en el recuadro y las ilustraciones. Luego, guíelos para que nombren las ilustraciones. Indíqueles que completen el primer espacio en blanco si el nombre de la ilustración empieza con alguna de esas sílabas, o en el segundo espacio en blanco si la sílaba está al final de la palabra. Pida a los niños que vuelvan a decir las palabras que coinciden con las ilustraciones. Luego, pídales que piensen otras palabras que tengan los sonidos /y/ o /ñ/

Nombre

Palabras con *ll* y *ñ*

1. 

silla gallo

2. 

piña niña

3. 

leña león

4. 

llora loba

Instrucciones Pida a los niños que miren la primera ilustración. Luego, pídales que encierren en un círculo la palabra que coincide con la ilustración. Repita el procedimiento con el resto de las ilustraciones y las palabras.

Pida a los niños que digan las palabras que coinciden con las ilustraciones. Luego, pídales que piensen palabras que rimen con ellas.

Nombre ______________________________

Comprender a los personajes

Comportamiento de los personajes

Los niños se invitan a jugar. A los niños les gusta nadar juntos.

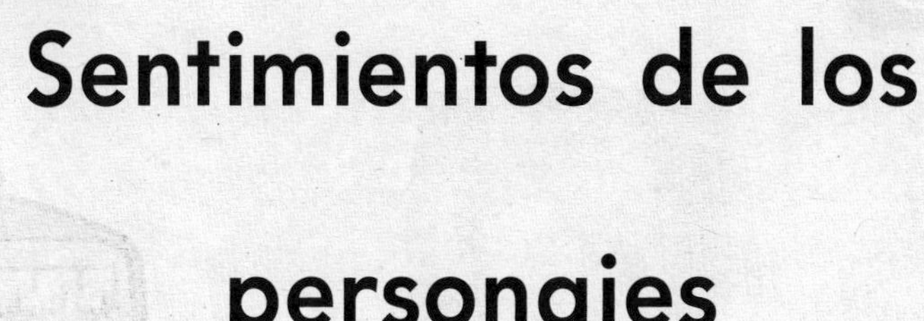

Sentimientos de los personajes

Instrucciones Diga a los niños que va a leer en voz alta dos oraciones sobre cómo Rob y Bobby son buenos amigos. Pida a los niños que hagan un dibujo para mostrar los sentimientos de estos amigos. Dígales que incluyan el escenario en el fondo.

Pida a los niños que muestren sus dibujos a un compañero. Dígales que incluyan detalles sensoriales en las descripciones de sus dibujos.

Nombre ______________________________

Identificar los diferentes medios

Instrucciones Hojee *Buenos amigos* con los niños. Explique a los niños que los medios de comunicación sirven para dar información a muchas personas. Pida a los niños que identifiquen los distintos medios de comunicación. Luego, pídales que encierren en un círculo qué medio creen que tendrá más información acerca de los amigos. Pida a los niños que se turnen para explicar su elección, y que hablen de a uno y usando oraciones completas.

Nombre ______________________

Pronombres *él*, *ella*, *ellos*, *ellas*, *nosotros*, *nosotras*

Él	Ella	Ellos	Nosotras

1. Mi hermana y yo jugamos a la pelota. ________

2. El niño patina. ________

3. La niña es feliz. ________

4. Los niños nadan. ________

5. ______________________

Instrucciones Lea las oraciones con los niños. Pídales que escriban un pronombre del recuadro que se pueda usar en lugar de los sustantivos. Pida a los niños que escriban una lista de los pronombres que han aprendido.

Pida a los niños que escriban una oración completa con uno de los pronombres. Pídales que muestren sus oraciones a la clase.

Nombre ______________________________

bien dijo

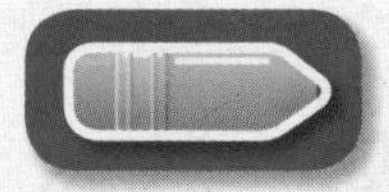

1. —Yo dibujo __________ .

2. —¡Mira mi dibujo! __________

3. —Me gusta— __________ mamá.

4. —¡Muy __________ !

Instrucciones Pida a los niños que lean las palabras del recuadro y hablen acerca de las ilustraciones. Luego, pídales que escriban las palabras *dijo* y *bien* para completar las oraciones. Pida a los niños que lean las oraciones completas en voz alta.

Pida a los niños que señalen y digan los nombres de las letras que reconocen en la página. Luego, pídales que aplaudan una vez por cada palabra mientras vuelven a leer las oraciones en voz alta. Pida a los niños que digan otras oraciones con las palabras *dijo* y *bien*.

Nombre ______________________________

2.

Instrucciones Pida a los niños que escriban su nombre en la parte superior de la página. Pida a los niños que digan el nombre del Alfamigo y escriban su letra. Pídales que tracen y escriban *Hh*. Luego pídales que digan los nombres de cada ilustración. Pida a los niños que observen las ilustraciones y escriban *Hh* al lado de las ilustraciones cuyos nombres empiezan con esa letra. Recuérdeles que la letra *h* no se pronuncia. Luego, pídales que digan con qué letra empiezan las otras ilustraciones. Recuérdeles que escriban las letras mayúscula y minúscula de manera que puedan leerse con facilidad, de izquierda a derecha y de arriba hacia abajo

Nombre ______________________

ha he hi ho hu

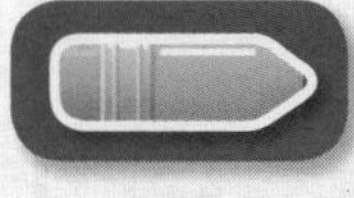

1.

_____ la

2.

_____ lo

3.

_____ lado

4.

_____ cha

Instrucciones Pida a los niños que miren la primera ilustración y la nombren. Luego, pídales que escriban la sílaba que falta para completar el nombre de la ilustración. Recuerde a los niños que, en estas palabras, la *h* se escribe pero no se pronuncia.

Repita el procedimiento con las demás ilustraciones y palabras. Recuerde a los niños que escriban las sílabas de manera que puedan leerse con facilidad, de izquierda a derecha y de arriba hacia abajo.

Nombre ____________________

Palabras con *h*

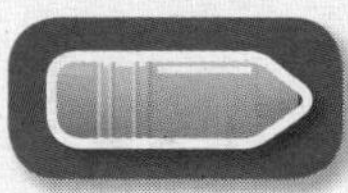

1.

hoja hora

2.

hilo kilo

3.

uno humo

4.

bola hola

Instrucciones Pida a los niños que miren la primera ilustración. Luego, pídales que encierren en un círculo la palabra que coincide con la ilustración. Repita el procedimiento con el resto de las ilustraciones y las palabras.

Pida a los niños que digan las palabras que coinciden con las ilustraciones. Luego, pídales que piensen palabras que rimen con cada una.

Nombre ______________________

Estructura del cuento

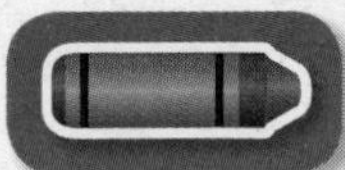

Personajes: Leo	**Escenario:** cerca de la casa de Leo

Problema: Leo no ha florecido.

Solución:

Instrucciones Diga a los niños que va a leer en voz alta información sobre los personajes, el escenario y el problema del cuento. Pídales que hagan un dibujo de la solución.

Pida a los niños que muestren sus dibujos. Pídales que vuelvan a contar o dramaticen el suceso clave que dibujaron.

Nombre

Hacer preguntas

Instrucciones Pida a los niños que comenten las preguntas que tengan sobre "¿Qué pueden hacer las crías de los animales?". Anímelos a comentar las diferentes cosas que pueden hacer las crías de los animales. Recuerde a los niños que hablen usando oraciones completas. Pida a los niños que hagan un dibujo de la cría que eligieron de la selección. Pida a los niños que se turnen para explicar su elección y que hablen con claridad y usando oraciones completas.

Nombre ______________________________

Pronombres *ellos*, *ellas*, *yo*

Ellos   Ellas   Yo

1. Las fresas son rojas. ____________

2. Los niños juegan al fútbol. ____________

3. ____________ sé leer.

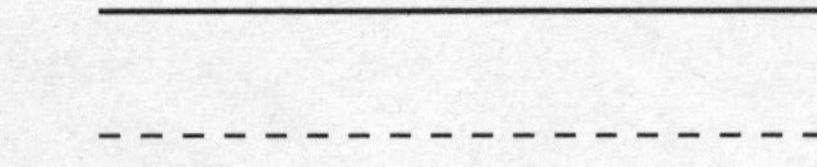

4. ______________________________

Instrucciones Lea las oraciones con los niños. Pídales que completen los espacios en blanco con el pronombre del recuadro que corresponda. Luego, pida a los niños que dicten o escriban una lista de los pronombres que han aprendido.

Pida a los niños que escriban una oración completa con uno de los pronombres de la lista. Pídales que muestren sus oraciones a la clase.

Nombre ______________________________

ella todos

1. ____________ vamos a la silla.

2. ____________ está en la silla.

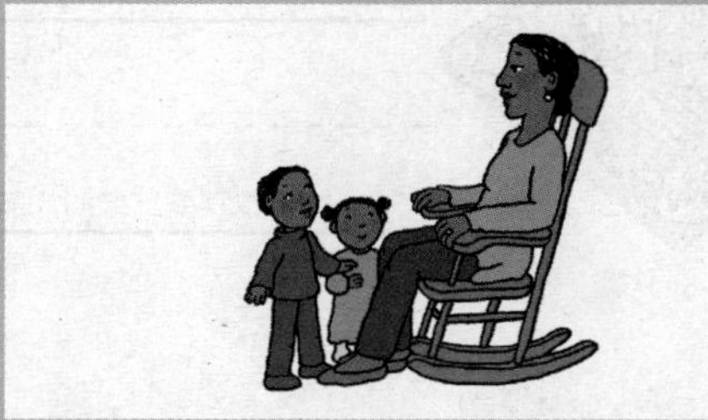

3. ¡Ahora estamos ____________ !

Instrucciones Pida a los niños que lean las palabras del recuadro y observen las ilustraciones. Luego, pídales que escriban *ella* o *todos* para completar las oraciones. Guíe a los niños para que usen mayúsculas en la primera letra al comienzo de cada oración. Luego, pida a los niños que lean las oraciones completas en voz alta. Pida a los niños que señalen y digan los nombres de las letras que reconocen en la página. Luego, pídales que aplaudan una vez por cada palabra mientras vuelven a leer las oraciones en voz alta. Pida a los niños que digan otras oraciones con las palabras *ella* y *todos*.

Nombre

1.

2.

Instrucciones Pida a los niños que escriban su nombre en la parte superior de la página. Pida a los niños que digan el nombre del Alfamigo y escriban su letra. Pídales que tracen y escriban *Jj*. Pida a los niños que escriban *Jj* al lado de las ilustraciones cuyos nombres empiecen con el sonido /j/. Luego, pregúnteles con qué letra empiezan los nombres de las otras ilustraciones. Ayude a los niños a pensar grupos de palabras que empiecen con el sonido /j/. Por ejemplo, *jugar, jota, joya*.

Nombre ______________________________

ja je ji jo ju
ge gi

1.

cone ______

2.

______ rasol

3.

______ gar

4.

ru ______

Instrucciones Pida a los niños que observen las sílabas que se muestran en el recuadro. Luego, pídales que nombren las ilustraciones y que escriban la sílaba que falta para completar el nombre de cada ilustración. Dígales que del lado izquierdo escribirán sílabas con la letra *j* y del lado derecho escribirán sílabas con *g* pero ambas suenan /j/. Pida a los niños que digan las palabras que coincidan con las ilustraciones. Luego, pídales que piensen palabras que rimen con cada una.

Nombre ______________________

Palabras con *j*

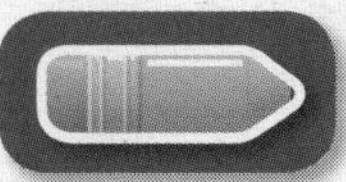

1.

jugo gusto

2.

jamón jabón

3.

hijo fijo

4.

lugar jugar

Instrucciones Pida a los niños que observen la primera ilustración. Luego, pídales que encierren en un círculo la palabra que coincide con la ilustración. Repita el procedimiento con el resto de las ilustraciones y las palabras.

Pida a los niños que digan las palabras que coinciden con las ilustraciones. Luego, pídales que piensen más palabras que tengan la letra *j*.

Nombre ____________________

Secuencia de sucesos

Primero, Zinnia cava la tierra y planta las flores.

Después, Zinnia mira los brotes y arranca las malas hierbas.

Instrucciones Vuelva a leer las páginas 4, 6 y 16 del Superlibro en voz alta. Pida a los niños que hagan una representación de las distintas acciones. Luego, diga a los niños que va a leer oraciones sobre el comienzo y el desarrollo del cuento. Pídales que identifiquen las palabras que indican secuencia. Pídales que hagan un dibujo de lo que pasa al final. Luego, pídales que muestren sus dibujos y que señalen el suceso o los sucesos clave del final del cuento. Pídales que vuelvan a contar el cuento o lo dramaticen, usando *primero, después* y *por último*. Muestre la página 27. Pida a los niños que digan por qué Zinnia tiene carteles allí.

Nombre ____________________

Identificar los diferentes medios y técnicas

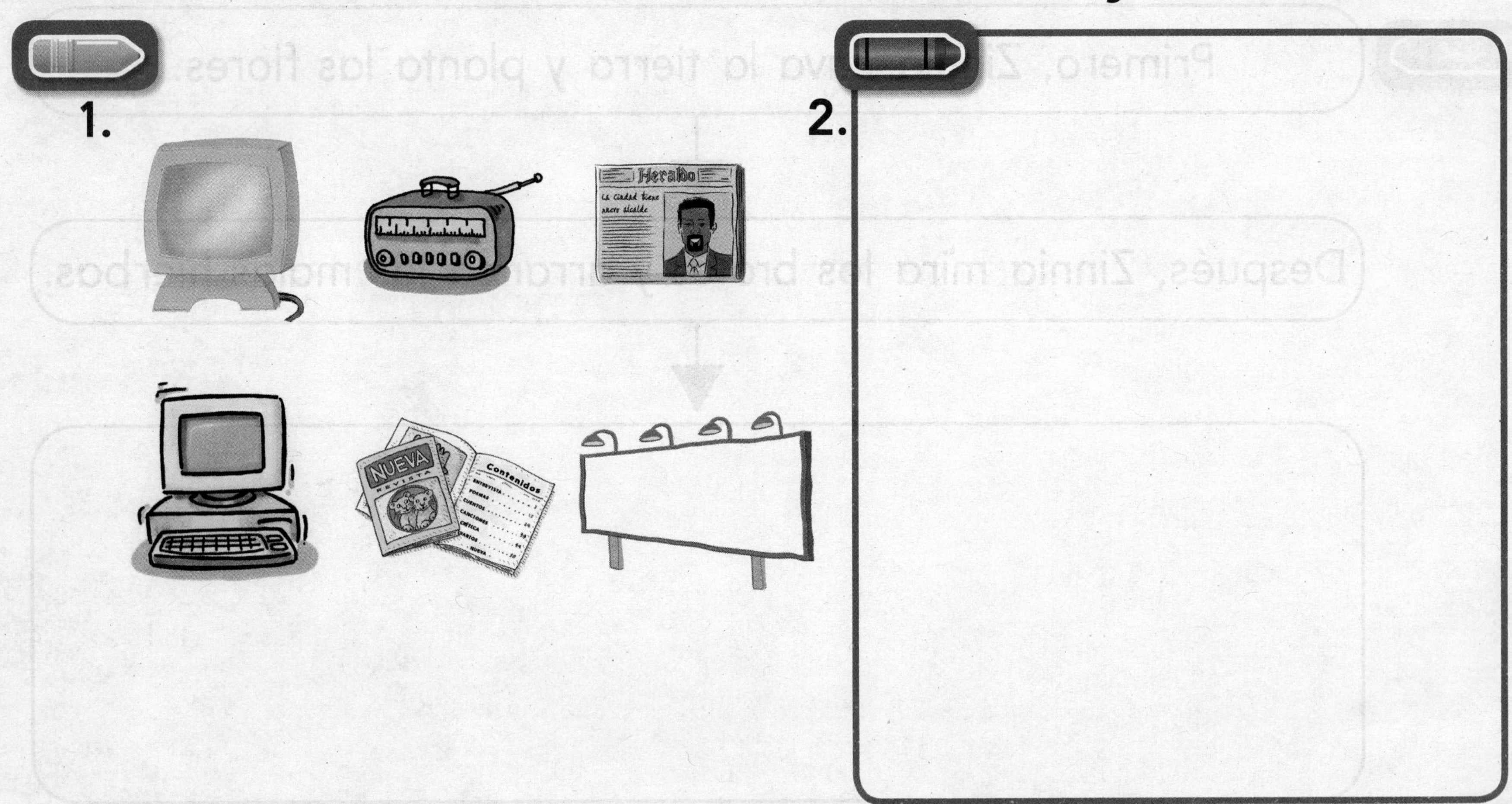

Instrucciones Hojee con los niños *El jardín de Zinnia* y "Cómo cultivar girasoles". Pídales que identifiquen los diferentes medios de comunicación que se muestran arriba. Pida a los niños que encierren en un círculo los medios que podrían ayudarlos a comprender mejor cómo cultivar flores. Luego, pida a los niños que elijan el medio de comunicación que sirve para comprender mejor cómo cultivar flores y que lo dibujen. Pida a los niños que se turnen para explicar su elección y que hablen de a uno y usando oraciones completas.

Nombre ______________________

Pronombres *usted*, *tú*

usted tú

1.  ______________ es la Reina.

2.  ______________ eres mi mamá.

3.  ______________ eres mi papá.

4. ____

Instrucciones Comente las ilustraciones con los niños y lea las oraciones incompletas. Luego, pida a los niños que escriban un pronombre del recuadro para completar las oraciones. Guíelos para que usen mayúsculas en la primera letra al comienzo de cada oración. Pida a los niños que escriban una oración completa con uno de los pronombres del recuadro. Pídales que muestren sus oraciones a la clase.

Nombre ______________________________

no él

1. ¿Con qué va a jugar ________ ?

2. Con un perro ________ va a jugar.

3. Con un cerdo ________ va a jugar.

4. ¡________ va a jugar con un gato!

Instrucciones Pida a los niños que lean las palabras del recuadro y observen las ilustraciones. Luego, pídales que escriban las palabras *él* o *no* para completar las oraciones. Guíe a los niños para que usen mayúsculas cuando escriban *él* al comienzo de la última oración. Luego, pida a los niños que lean las oraciones completas en voz alta. Pida a los niños que señalen y digan los nombres de las letras que reconocen en la página. Luego, pídales que aplaudan una vez por cada palabra mientras vuelven a leer las oraciones en voz alta. Pida a los niños que digan otras oraciones con las palabras *él* y *no*.

Nombre

3.

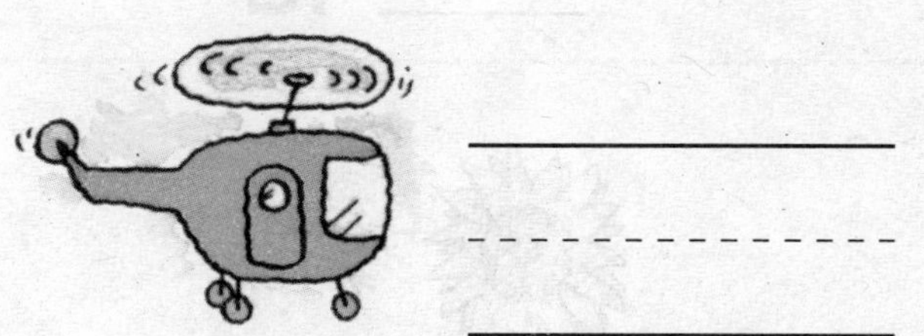

Instrucciones Pida a los niños que digan el nombre de cada Alfamigo y escriban su letra. Pídales que tracen y escriban *Hh* y *Jj*. Luego, diga a los niños que nombren las ilustraciones. Pídales que digan con qué letra empiezan las ilustraciones y que escriban *Hh* o *Jj* al lado de las ilustraciones cuyos nombres empiezan con esas letras. Recuerde a los niños que la letra *h* no se pronuncia. Recuérdeles que escriban las letras mayúscula y minúscula de manera que puedan leerse con facilidad, de izquierda a derecha y de arriba hacia abajo.

Nombre ______________________

Las letras *Hh, Jj*

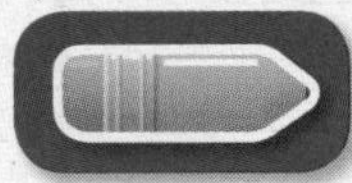

1. 

______ cha

2. 

______ la

3. 

ho ______

4. 

______ dín

Instrucciones Pida a los niños que observen la primera ilustración y la nombren. Luego, pídales que escriban la sílaba que falta para completar el nombre de la ilustración. Repita el procedimiento con el resto de las ilustraciones y las palabras.

Diga otras palabras que los estudiantes conozcan que empiecen con *h* y *j*. Pídales que levanten la mano cuando oigan una palabra que empiece con la letra *h* y que se pongan de pie cuando oigan una palabra que empiece con *j*.

Nombre ______________________________

Palabras con *h*, *j*

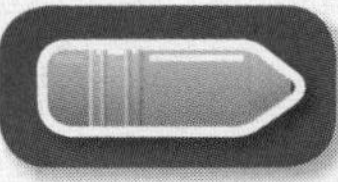

1.

jugar hogar

2.

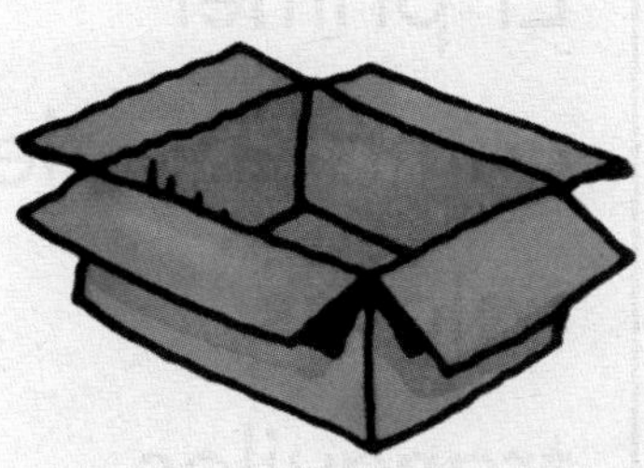

jarra caja

3.

huevo juego

4.

ajo hoja

Instrucciones Pida a los niños que miren la primera ilustración. Luego, pídales que encierren en un círculo la palabra que coincide con la ilustración. Repita el procedimiento con el resto de las ilustraciones y las palabras.

Pida a los niños que digan las palabras que coinciden con las ilustraciones. Luego, pídales que piensen en palabras que rimen con cada una.

Nombre ______________________

Conclusiones

El primer camaleón tiene colores tranquilos.

El segundo camaleón ve al primer camaleón.

El primer camaleón ve que el segundo camaleón es amable.

Instrucciones Diga a los niños que va a leer en voz alta oraciones con información de la selección. Pídales que hagan un dibujo de lo que creen que sucederá. Pida a los niños que muestren sus dibujos a la clase. Comente con los niños cómo usaron lo que sabían sobre la selección cuando hicieron sus dibujos.

Nombre ____________________

Identificar los diferentes medios y técnicas

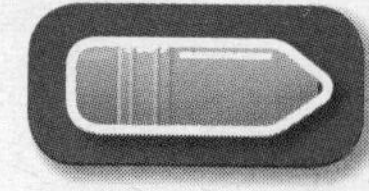

Instrucciones Hojee *Camaleón, camaleón* con los niños. Recuerde a los niños que los medios de comunicación sirven para dar información a muchas personas. Pida a los niños que identifiquen los distintos medios. Luego, pídales que encierren en un círculo el medio de comunicación que podría tener más información acerca del color de los camaleones. Pida a los niños que se turnen para explicar su elección y que hablen de a uno y usando oraciones completas.

Nombre ______________________________

Preguntas

1. cómo los globos  

2. van a jugar todos  

3. 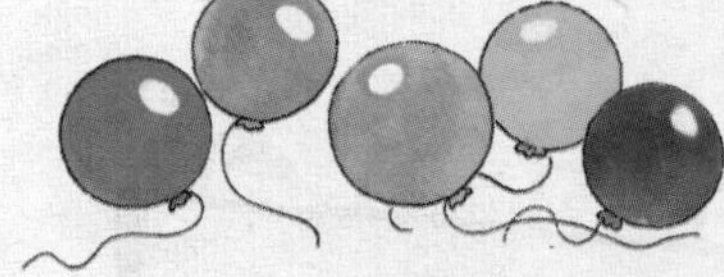 ______________________________

4.  ______________________________

Instrucciones Lea las preguntas en voz alta con los niños. Pida a los niños que encierren en un círculo la cara feliz si la pregunta está completa y la cara triste si no está completa. Luego, ayude a los niños a volver a escribir las preguntas correctamente. Pídales que usen mayúscula en la letra inicial de la primera palabra y que agreguen los signos de interrogación al comienzo y al final. Pida a los niños que lean las preguntas en voz alta.

Nombre ______________________________

todos él ella hacer

1. ¿Hay palomitas para __________ ?

2. Sí, mamá va a __________ para todos.

3. Un poco para __________ .

4. Un poco para __________ .

Instrucciones Pida a los niños que lean las palabras del recuadro y observen los dibujos. Luego, pídales que escriban las palabras *todos, él, hacer* o *ella* para completar las oraciones. Guíe a los niños para que usen mayúscula cuando escriban la primera letra al comienzo de una oración. Luego, pida a los niños que lean las oraciones completas en voz alta. Pídales que cuenten un cuento usando todas las Palabras que quiero saber.

Nombre ___________________________

S	Q	A

Mis fuentes

Instrucciones Ayude a los niños a **generar ideas** para escribir. Pídales que escriban o hagan dibujos para mostrar lo que ya saben sobre sus temas en la casilla rotulada *S*. Luego, ayúdelos a generar y a escribir preguntas acerca de lo que quieren saber sobre ese tema en la casilla rotulada *Q*.

Pida a los niños que encierren en un círculo las fuentes que usarán para responder las preguntas. Una vez que los niños hayan reunido información sobre su tema, pídales que escriban o dibujen esos datos en la columna rotulada *A*. Diga a los niños que esta semana usarán esos datos para escribir un informe parecido a una lista.

Nombre ______________________

1. 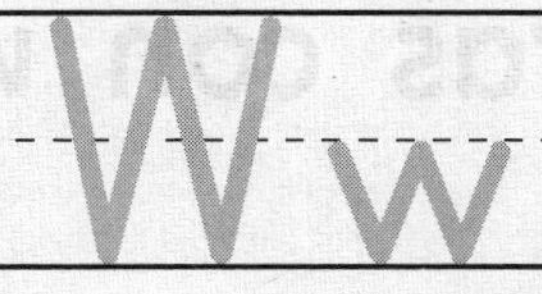 Ww

2.

Instrucciones Pida a los niños que digan el nombre del Alfamigo y su letra. Pídales que tracen y escriban *Ww*. Luego, pida a los niños que nombren las ilustraciones y escriban *Ww* al lado de los dibujos cuyos nombres tengan el sonido /w/ al comienzo o en el medio de la palabra. Pregunte a los niños con qué letra empiezan el resto de los nombres de los dibujos. Recuerde a los niños que escriban las letras mayúscula y minúscula de manera que puedan leerse con facilidad, de izquierda a derecha y de arriba hacia abajo.

Nombre ______________________________

Palabras con *w*

1.

waffle **guante**

2.

hueso **wok**

3.

sano **sandwich**

4.

Wanda **Juan**

Instrucciones Pida a los niños que observen las ilustraciones. Luego guíelos para que nombren las ilustraciones y encierren en un círculo las palabras que coinciden con las ilustraciones.

Pida a los niños que repitan las palabras que coinciden con las ilustraciones. Luego, pídales que piensen otras palabras que tengan el sonido /w/.

Nombre ______________________

Mi informe

Instrucciones Ayude a los niños a **desarrollar un borrador** de lo que van a escribir. Anime a los niños a usar sus organizadores gráficos completos del la página 72 del Cuaderno de práctica como guía para escribir un borrador de sus informes. Recuerde a los niños que podrán agregar más detalles a sus informes más adelante durante el proceso de escritura.

Pida a los niños que usen lo que saben acerca de las letras y las palabras para escribir sus informes. Recuérdeles que piensen en los datos que quieren incluir en sus informes. Pida a los niños que usen las líneas de arriba para comenzar a escribir esos datos.

Nombre ______________________

Palabras con *w*

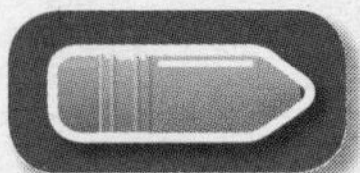

1.

waffle cowboy

2.

Walter Wendy

3.

kilo kiwi

4.

Wendy Walter

Instrucciones Pida a los niños que observen la primera ilustración. Luego, pídales que la nombren y que encierren en un círculo la palabra que coincide con la ilustración.

Repita el procedimiento con el resto de las ilustraciones y las palabras.

Nombre ______________________________

Características del texto y de los elementos gráficos

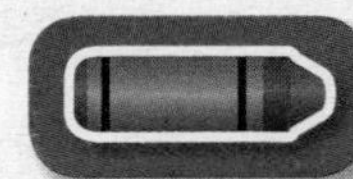

Característica del texto y de los elementos gráficos	Propósito
la receta en el guante para hornear	

Instrucciones Comente con los niños que la receta es un texto y un elemento gráfico del cuento. Pida a los niños que, en la segunda columna, hagan dibujos para mostrar los pasos de la receta. Luego, pida a los niños que expliquen con sus dibujos cómo hacer una tarta. Pídales que usen las palabras que indican secuencia que saben (primero, después y por último) en sus descripciones. Comente con los niños de qué manera las características del texto y de los elementos gráficos pueden ayudarlos a comprender mejor la información sobre el tema que leen.

Nombre ______________________________

Mi informe

Instrucciones Ayude a los niños a **revisar el borrador** que escribieron. Ayúdelos a leer los informes que escribieron en la página 75 del Cuaderno de práctica. Comenten las oraciones y los detalles que podrían agregar para mejorar sus informes. Ayude a los niños a que organicen sus listas colocando los datos más importantes en las primeras dos líneas. Pídales que escriban en las líneas de arriba los informes revisados.

Nombre ______________________________

Mi informe

Instrucciones Ayude a los niños a **editar el borrador** que escribieron. Ayúdelos a leer los informes que escribieron en la página 78 del Cuaderno de práctica. Pídales que vuelvan a escribir sus informes en las líneas de arriba para editar sus borradores. Recuérdeles que dejen espacios entre las letras y entre las palabras, que escriban cada dato en una línea diferente y que escriban usando oraciones completas. Recuérdeles que usen mayúscula en la primera letra de cada oración y que terminen sus oraciones con la puntuación correcta. Si lo necesitan, los niños pueden consultar un diccionario ilustrado para escribir las palabras correctamente.

Nombre ______________________

Identificar las fuentes

Instrucciones Pida a los niños que encierren en un círculo el mejor lugar para hallar información sobre cómo hacer una tarta. Pídales que identifiquen qué tipo de fuentes o personas podrían usar. Luego, pida a los niños que dibujen una fuente o persona que usarían. Pídales que se turnen para explicar su elección y que hablen con claridad y usando oraciones completas.

Nombre ____________________

Exclamaciones

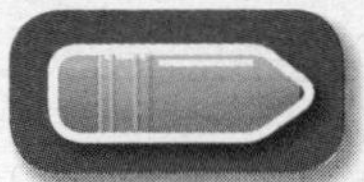

1. el nido 

2. nos gusta el pastel  

3. 

4. 

Instrucciones Lea las exclamaciones en voz alta con los niños. Pida a los niños que encierren en un círculo la cara feliz si la exclamación está completa y la cara triste si no está completa. Luego, ayude a los niños a volver a escribir las exclamaciones correctamente. Pídales que usen mayúscula en la letra inicial de la primera palabra y que agreguen los signos de exclamación al comienzo y al final. Pida a los niños que lean las exclamaciones en voz alta.

Nombre ______________________

Mi informe

Instrucciones Pida a los niños que **muestren** lo que escribieron. Pídales que escriban el borrador final de sus informes en las líneas de arriba. Si lo desean, los niños pueden hacer un dibujo de los datos que aprendieron en una hoja aparte.

Pida a los niños que se turnen para leer a la clase sus informes en voz alta y mostrar sus dibujos. Recuérdeles que escuchen con atención a los demás y que hablen en voz alta y con claridad cuando leen sus informes.

Nombre ________________________

tengo   tomar

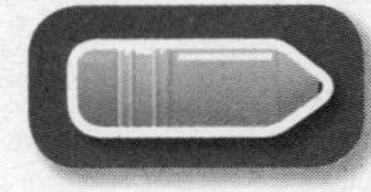

1. Yo ____________ un pato.

2. Este es mi pato Coco.

3. Mi pato Coco va a ____________ un taxi.

Instrucciones Pida a los niños que lean las palabras del recuadro y observen las ilustraciones. Luego, pídales que escriban la palabra *tengo* o *tomar* para completar las oraciones. Pida a los niños que lean las oraciones completas en voz alta.

Pida a los niños que señalen y digan los nombres de las letras que reconocen en la página. Luego, pídales que aplaudan una vez por cada palabra mientras vuelven a leer las oraciones en voz alta. Pida a los niños que digan otras oraciones con las palabras *tengo* o *tomar*.

Nombre ____________________

1.  Xx 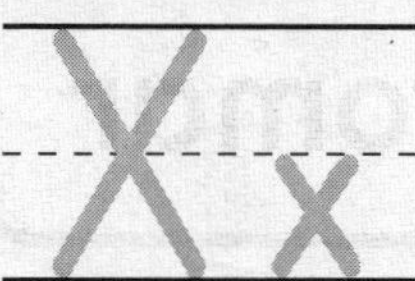 

2.

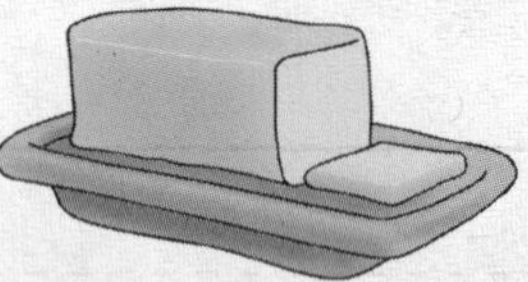

Instrucciones Pida a los niños que escriban su nombre en la parte superior de la página. Pida a los niños que digan el nombre del Alfamigo y escriban su letra. Pídales que tracen y escriban *X* y *x*. Luego, pídales que escriban *Xx* al lado de las ilustraciones cuyos nombres tienen el sonido /ks/. Pregunte a los niños con qué letras comienzan las otras ilustraciones.
Recuerde a los niños que escriban las letras mayúscula y minúscula de manera que puedan leerse con facilidad, de izquierda a derecha y de arriba hacia abajo.

Nombre ______________________________

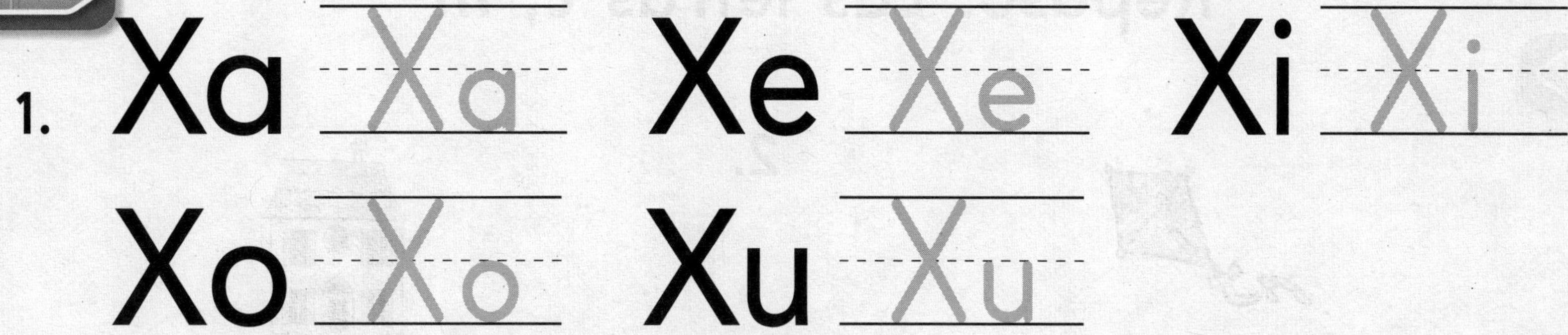

1. Xa Xe Xi Xo Xu

2.

Instrucciones Lea a los niños las sílabas del recuadro y pídales que escriban *xa, xe, xi, xo* y *xu*. Luego, pídales que escriban una sílaba del recuadro al lado de la ilustración cuyo nombre tenga esa sílaba. Recuerde a los niños que escriban las sílabas de manera que puedan leerse con facilidad, de izquierda a derecha y de arriba hacia abajo.

Nombre ______________________

Repaso: Las letras *c, m*

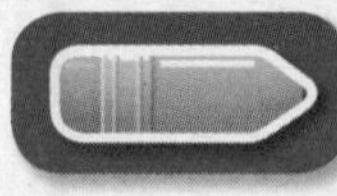

1.

cometa moneda

2.

cama casa

3.

mono mano

4.

moto cono

Instrucciones Pida a los niños que observen la primera ilustración. Luego, pídales que encierren en un círculo la palabra que coincide con la ilustración. Repita el procedimiento con el resto de las ilustraciones y las palabras.

Pida a los niños que digan las palabras que coinciden con cada ilustración. Luego, pídales que piensen en palabras que rimen con cada una.

Nombre ______________________________

Causa y efecto

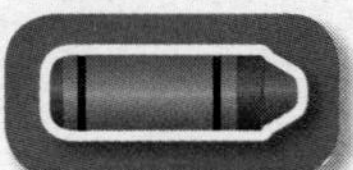

Causa	Efecto
Xavier halla algo que hace bien.	

Instrucciones Lea en voz alta la causa que aparece en el cuento y coméntela con los niños. Pídales que hagan un dibujo del efecto. Pida a los niños que muestren sus dibujos a la clase y que comenten el suceso clave de sus dibujos.

Nombre ______________________________

Identificar los diferentes medios

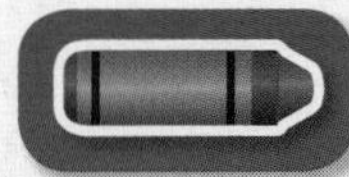

Instrucciones Hojee "Los trabajos que hace la gente" con los niños. Recuérdeles que los medios sirven para dar información a muchas personas. Pida a los niños que identifiquen los diferentes medios. Luego, pídales que encierren en un círculo los medios que creen que podrían tener más información sobre las tareas de un panadero. Pida a los niños que se turnen para explicar su elección y que hablen con claridad y usando oraciones completas.

Nombre ______________________________

Sustantivos: Singular y plural

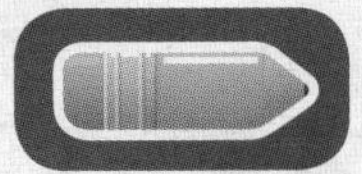

1. oso   osos

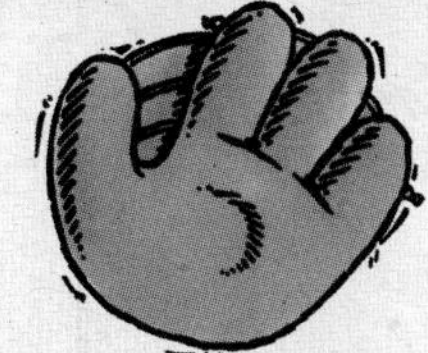

2. guante   guantes

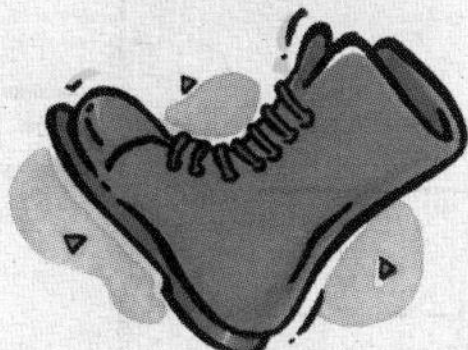

3. bota   botas

____

4. ______________________________

Instrucciones Pida a los niños que nombren las ilustraciones. Pregunte si las ilustraciones muestran una cosa o más de una cosa. Pida a los niños que encierren en un círculo el sustantivo correcto para cada ilustración.

Pida a los niños que escriban una oración completa usando uno de los sustantivos. Pídales que muestren sus oraciones a la clase.

Nombre ______________________________

abajo ayudar

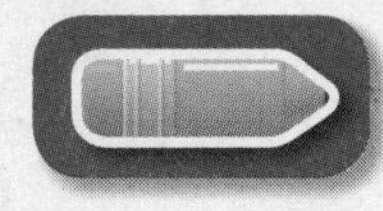

1. Veo agua ____________ de la mesa.

2. Mamá va a ____________ .

3. Ahora papá seca el agua de ____________ .

4. ¡Todos podemos ____________!

Instrucciones Pida a los niños que lean las palabras del recuadro y observen las ilustraciones. Luego, pídales que escriban las palabras *abajo* o *ayudar* para completar las oraciones. Pida a los niños que lean las oraciones completas en voz alta.

Pida a los niños que señalen y digan los nombres de las letras que reconocen en la página. Luego, pídales que aplaudan una vez por cada palabra mientras vuelven a leer las oraciones en voz alta. Pida a los niños que digan otras oraciones con las palabras *abajo* o *ayudar*.

Nombre ______________________

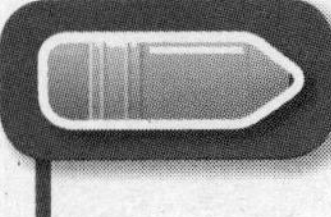

1.  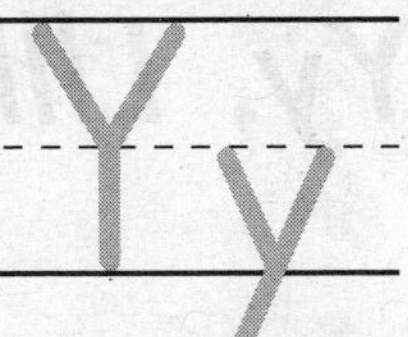 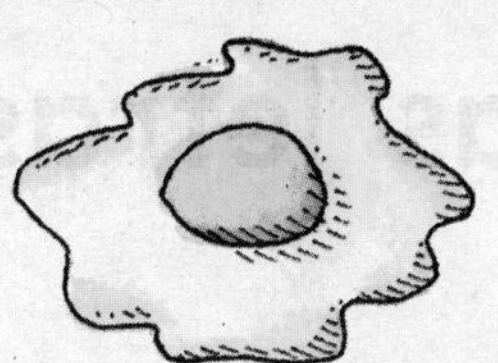 

2. 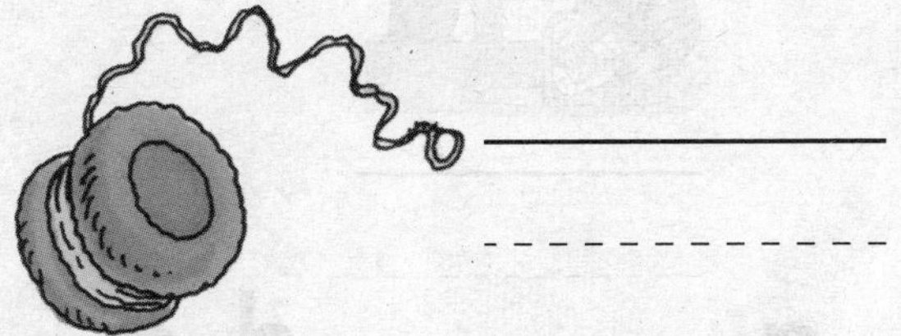 

Instrucciones Pida a los niños que escriban su nombre en la parte superior de la página. Pida a los niños que digan el nombre del Alfamigo y escriban su letra. Pídales que tracen y escriban *Yy.* Pida a los niños que escriban *Yy* al lado de las ilustraciones cuyos nombres tengan *y.* Luego, pídales que digan con qué letra empiezan los nombres de los otros dibujos. Recuerde a los niños que las letras *ll* e *y* tienen el mismo sonido. Pida a los niños que piensen en otras palabras con el sonido /y/ que se escriban con *ll*, como *llave*. Recuérdeles que escriban las letras mayúscula y minúscula de manera que puedan leerse con facilidad, de izquierda a derecha y de arriba hacia abajo.

Nombre ________________________________

Las letras *Yy, Llll*

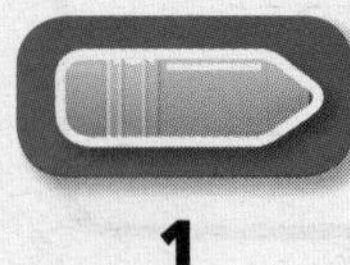

1\.

g a ______ n a

2\.

a ______ d a

3\.

r a ______

4\.

s i ______

Instrucciones Pida a los niños que observen las ilustraciones. Guíelos para que identifiquen el nombre de las ilustraciones. Luego, pídales que escriban las sílabas que faltan para completar los nombres de los dibujos.

Pida a los niños que vuelvan a decir las palabras que coinciden con las ilustraciones. Pídales que piensen palabras que rimen con cada una.

Nombre ____________________

La letra *y* como conjunción

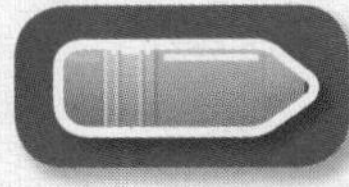

1. 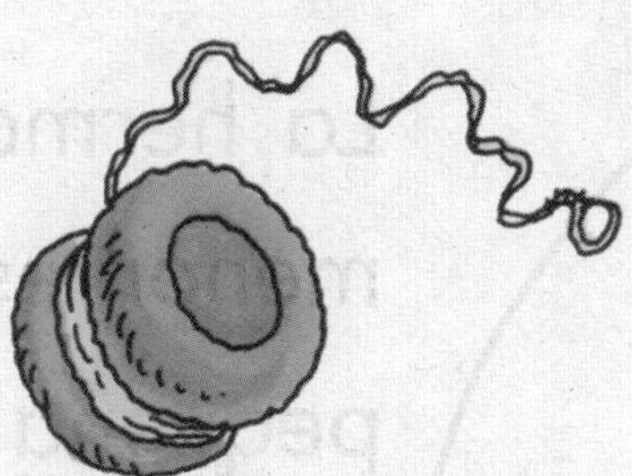

mi yoyo

2. 

Papá y el bebé

3. 

Juan y su perrito

4. 

las rayas del tigre

Instrucciones Pida a los niños que observen las ilustraciones. Ayúdelos a leer el nombre de las ilustraciones. Pídales que identifiquen en qué ilustraciones la letra *y* suena / i /. Luego, pídales que encierren en un círculo las frases que tienen *y* como conjunción. Recuerde a los niños que en esos casos la *y* se usa para unir palabras. Luego, pídales que lean en voz alta las oraciones que tienen *y* como conjunción.

Nombre ______________________

Comparar y contrastar

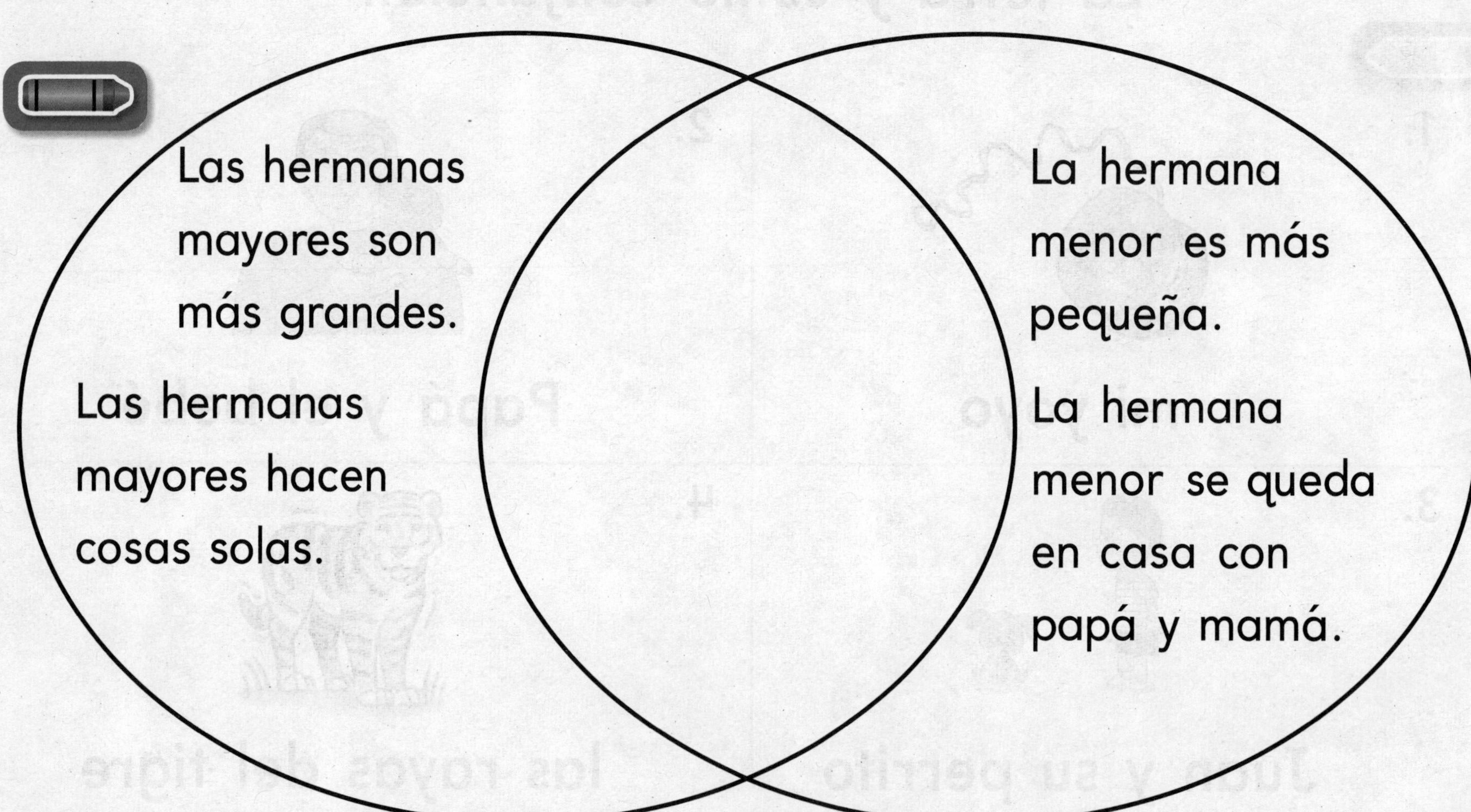

Instrucciones Diga a los niños que va a leer en voz alta algunas oraciones que dicen en qué se diferencian las hermanas del cuento. Pídales que hagan un dibujo para mostrar en qué se parecen. Pida a los niños que muestren sus dibujos a un compañero. Pídales que incluyan detalles sensoriales en las descripciones de sus dibujos.

Nombre ______________________

Identificar los diferentes medios (y técnicas)

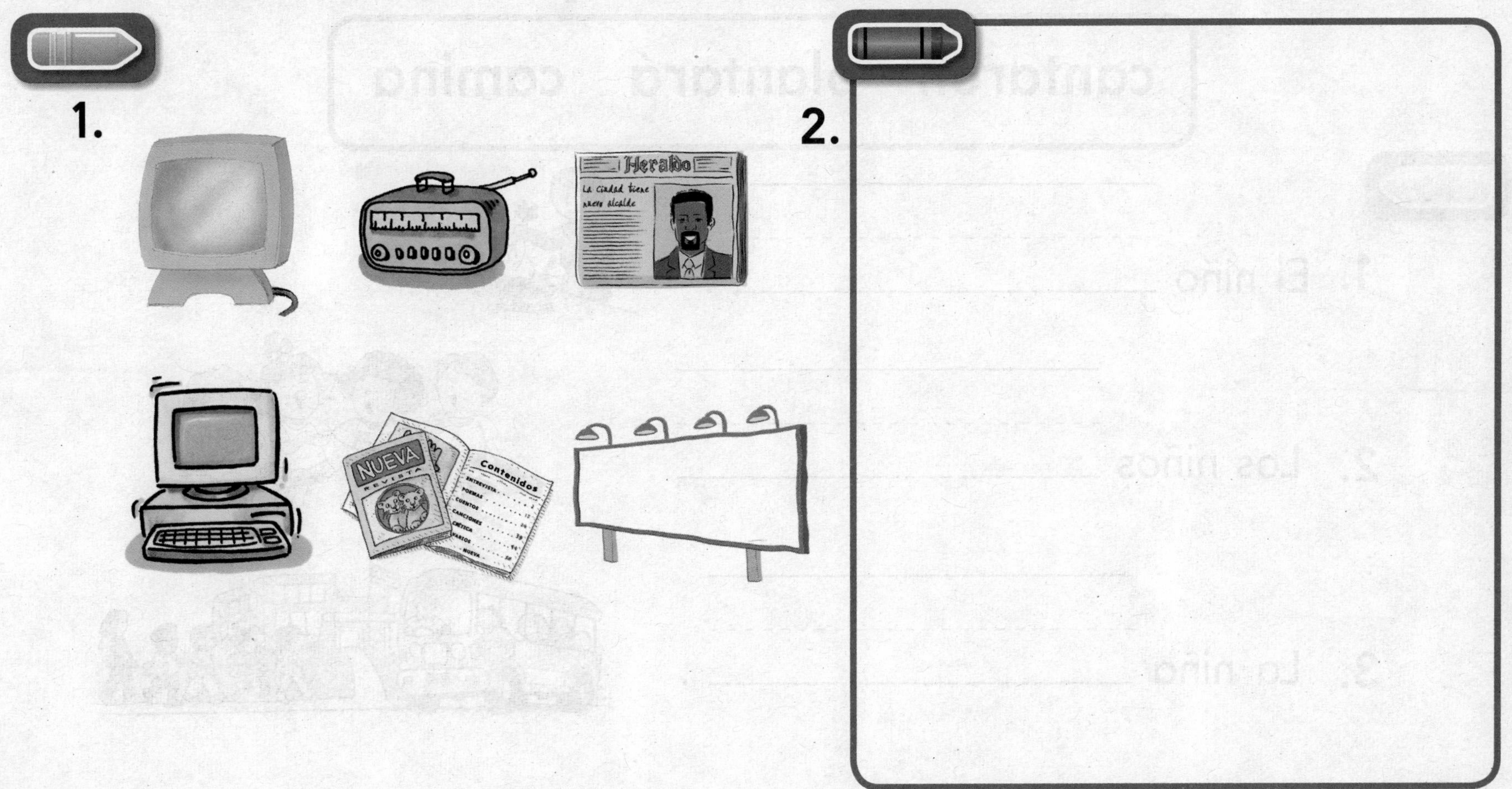

Instrucciones Hojee "Por todo el país" con los niños. Pídales que identifiquen y comenten los diferentes medios de arriba. Pida a los niños que encierren en un círculo los medios que podrían tener más información sobre la Estatua de la Libertad.

Luego, pida a los niños que elijan el mejor medio para obtener información sobre la Estatua de la Libertad y que lo dibujen. Pídales que se turnen para explicar su elección y que hablen con claridad y usando oraciones completas.

Nombre ______________________________

Concordancia entre el sujeto y el verbo (en pasado, presente y futuro)

cantaron	plantará	camina

1. El niño ____________________ .

2. Los niños ____________________ .

3. La niña ____________________ .

Instrucciones Pida a los niños que expliquen qué sucede en las ilustraciones. Luego, pida a los niños que completen las oraciones con la palabra correcta del recuadro. Pídales que lean las oraciones en voz alta.

Luego, pida a los niños que digan qué palabra indica de quién trata la oración. Pregunte si la oración habla de una o de más personas.

Nombre ______________________________

día mira

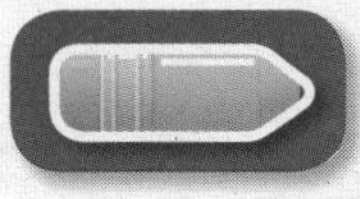

1. Hoy es un __________ de frío.

2. Hoy es un __________ de sol.

3. ¡ __________ el arco iris!

Instrucciones Pida a los niños que lean las palabras del recuadro y observen las ilustraciones. Luego, pídales que escriban la palabra *mira* o *día* para completar las oraciones. Pida a los niños que lean las oraciones completas en voz alta.

Pida a los niños que señalen y digan los nombres de las letras que reconocen en la página. Luego, pídales que aplaudan una vez por cada palabra mientras vuelven a leer las oraciones en voz alta. Pida a los niños que digan otras oraciones con las palabras *mira* o *día*.

Nombre ______________________

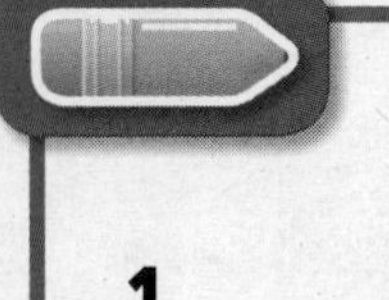

1.  Zz 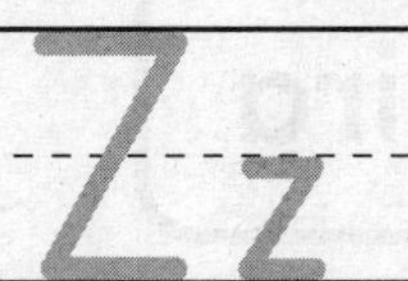  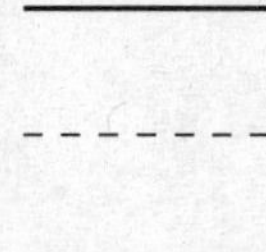 

2.

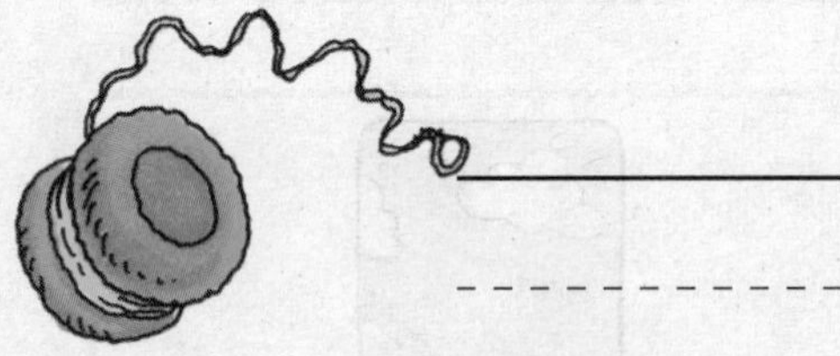

Instrucciones Pida a los niños que escriban su nombre en la parte superior de la página. Pida a los niños que digan el nombre del Alfamigo y escriban su letra. Pídales que tracen y escriban *Zz*. Luego, pídales que escriban *Zz* al lado de las ilustraciones cuyos nombres comiencen con *z*. Luego, pídales que digan con qué letra comienzan el resto de las ilustraciones. Recuerde a los niños que escriban las letras mayúscula y minúscula de manera que puedan leerse con facilidad, de izquierda a derecha y de arriba hacia abajo.

Nombre ____________________

za ze zi zo zu

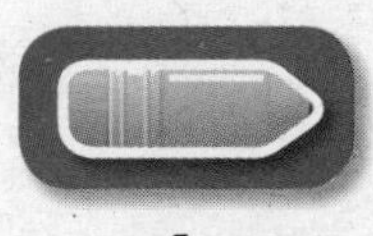

1.

______ p a t o s

2.

______ r r o

3.

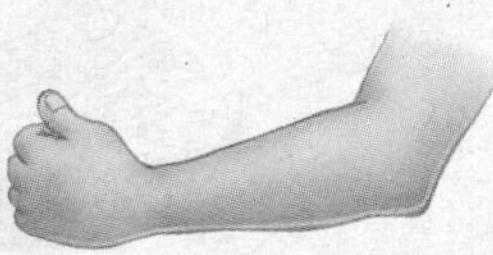

b r a ______

4.

m a n ______ n a

Instrucciones Lea a los niños las sílabas del recuadro. Luego pídales que observen la primera ilustración y la nombren. Pídales que escriban la sílaba que falta para completar el nombre de la ilustración. Repita el procedimiento con el resto de las ilustraciones y las palabras. Diga palabras que rimen con los nombres de las ilustraciones y otras que no rimen. Pida a los niños que levanten la mano cuando escuchen un par de palabras que rimen.

Nombre ______________________

Palabras con *z*

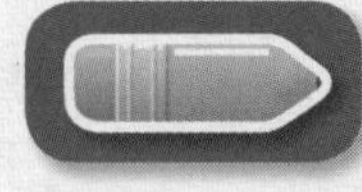

1\. 

tiza taza

2\. 

zapato sopita

3\. 

pez vez

4\. 

aros arroz

Instrucciones Pida a los niños que observen la primera ilustración. Luego, pídales que encierren en un círculo la palabra que coincide con la ilustración. Repita el procedimiento con las otras ilustraciones y las palabras.

Pida a los niños que digan las palabras que coinciden con la ilustración. Luego, pídales que piensen en palabras que rimen con cada una.

Nombre ______________________________

Estructura del cuento

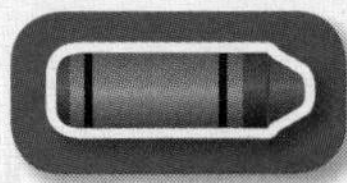

Personajes: Jorge el curioso	**Escenario:** museo, restaurante, bosque

Comienzo: Jorge el curioso decide averiguar qué hace mejor que los demás.

Desarrollo: Jorge el curioso intenta cocinar, andar en trineo y volar una cometa.

Final:

Instrucciones Diga a los niños que va a leer en voz alta oraciones sobre los personajes, el escenario y la trama. Luego, lea en voz alta las oraciones sobre el comienzo y el desarrollo del cuento. Pida a los niños que dibujen el final. Pida a los niños que muestren sus dibujos. Pídales que vuelvan a contar o que dramaticen el suceso clave que dibujaron.

Nombre

Identificar los diferentes medios

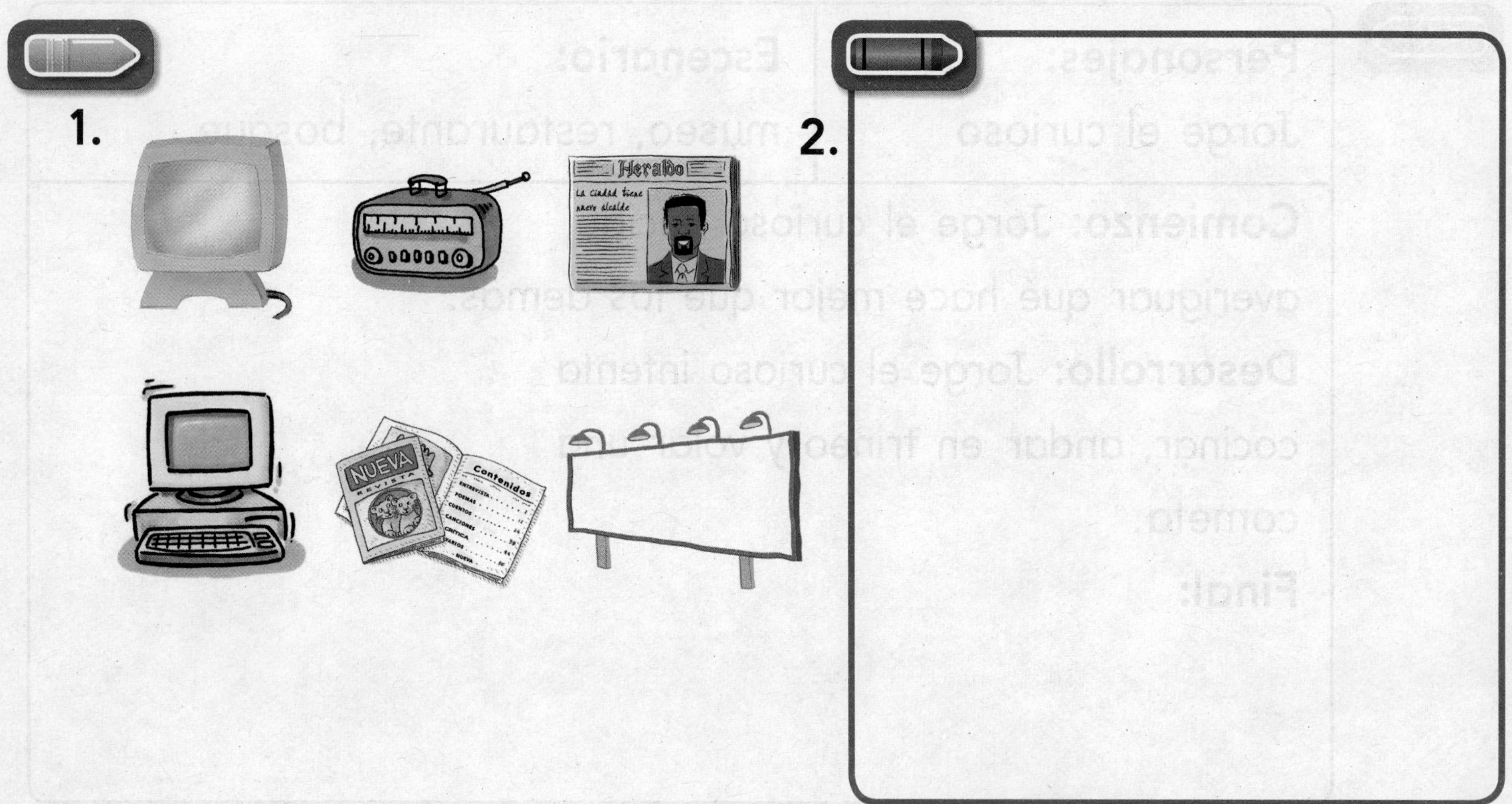

Instrucciones Hojee *¡Lo puedes lograr, Jorge el curioso!* con los niños. Comente las distintas cosas que Jorge el curioso quiere hacer. Pida a los niños que identifiquen y comenten los diferentes medios de arriba. Pídales que encierren en un círculo los medios que podrían ayudarlos a entender lo que hacen los bomberos. Luego, pida a los niños que elijan el medio que sirve para entender mejor lo que hacen los bomberos y que lo dibujen. Pídales que se turnen para explicar su elección y que hablen con claridad y usando oraciones completas.

Nombre ______________________

Concordancia entre el sujeto y el verbo (en pasado, presente y futuro)

saltará   duerme   rugió

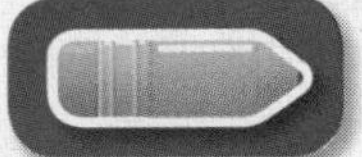

1. El gato ______________________.

2. El perro ______________________.

3. El león ______________________.

Instrucciones Pida a los niños que expliquen qué sucede en las ilustraciones. Pida a los niños que completen las oraciones y escriban la palabra correcta del recuadro. Pídales que lean las oraciones en voz alta.

Pida a los niños que digan qué palabra indica acerca de qué trata la oración. Pregúnteles si la oración es acerca de uno o más de uno.

Nombre ______________________

de llevar

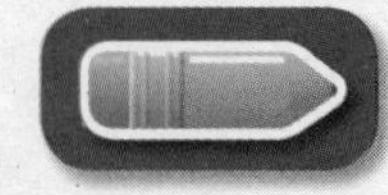

1. Vamos a ____________ a Pipo a la bañera.

2. ¿Está listo el baño ____________Pipo?

3. No podemos ____________a Pipo.

4. Un poco ____________ agua para ti.

Instrucciones Pida a los niños que lean las palabras del recuadro y observen las ilustraciones. Señale que *de* es una preposición, o una palabra que nos ayuda a entender a quién pertenecen las cosas, o de qué están hechas. Diga a los niños que hoy aprenderán más acerca de las preposiciones.

Pida a los niños que escriban las palabras *de* o *llevar* para completar las oraciones. Luego, pídales que lean las oraciones completas en voz alta. Pida a los niños que usen las Palabras que quiero saber en otras oraciones. Luego, pídales que señalen y digan los nombres de las letras que reconocen en la página.

Nombre ________________________________

1. Mm Mm Pp Pp Ss Ss

2.  

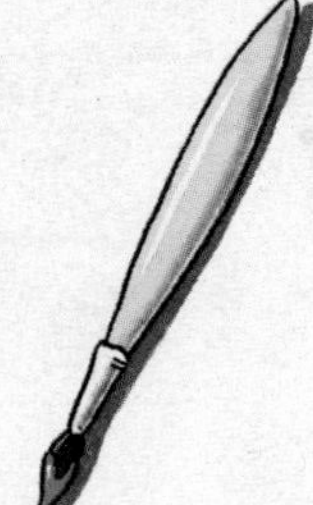 

Instrucciones Pida a los niños que nombren las letras del recuadro. Pídales que tracen *Mm, Pp* y *Ss*. Luego pídales que nombren las ilustraciones y que escriban la letra del recuadro que corresponda al lado de la ilustración cuyo nombre tenga ese sonido.

Recuerde a los niños que escriban las letras mayúscula y minúscula de manera que puedan leerse con facilidad, de izquierda a derecha y de arriba hacia abajo.

Nombre ______________________

Palabras con *m*, *p*, *s*

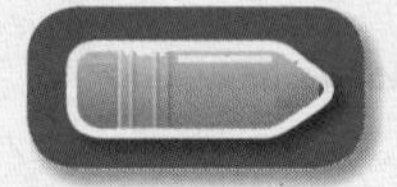

1.

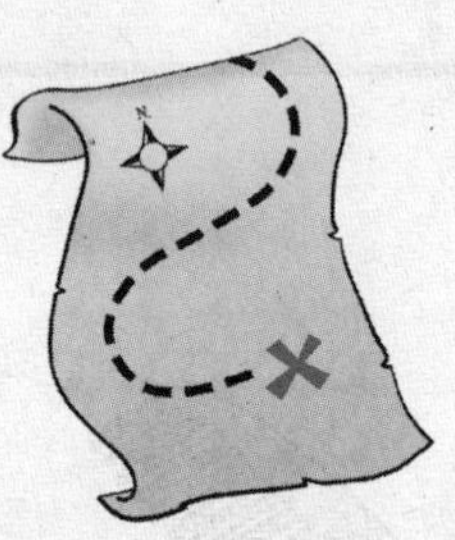

mapa tapa

2.

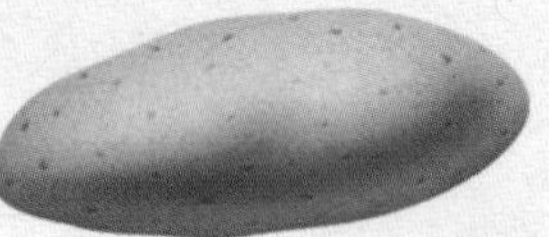

pasa papa

3.

sopa soga

4.

moto mono

Instrucciones Pida a los niños que observen la primera ilustración. Pídales que encierren en un círculo la palabra que coincide con la ilustración. Repita el procedimiento con el resto de las ilustraciones y las palabras.

Pida a los niños que vuelvan a decir las palabras que coinciden con las ilustraciones. Luego, pídales que piensen palabras que rimen con cada una.

Nombre ______________________________

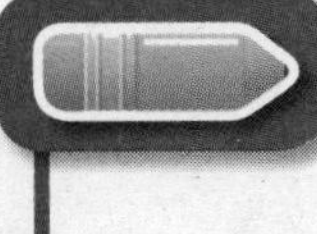

1. Zz Zz Ss Ss Cc Cc

2.

Instrucciones Pida a los niños que escriban su nombre en la parte superior de la página. Pídales que observen las letras del recuadro y que tracen *Zz*, *Ss* y *Cc*. Luego pídales que nombren las ilustraciones y escriban al lado la letra del recuadro que corresponde.

Recuerde a los niños que escriban las letras mayúscula y minúscula de manera que puedan leerse con facilidad, de izquierda a derecha y de arriba hacia abajo.

Nombre ______________________

Ideas principales y detalles

Instrucciones Pida a los niños que hallen detalles del cuento que tengan que ver con la idea principal. Pida a los niños que muestren sus palabras o dibujos a la clase. Dígales que hablen con claridad y que escuchen con atención a los demás.

Nombre ______________________________

Reunir y registrar información

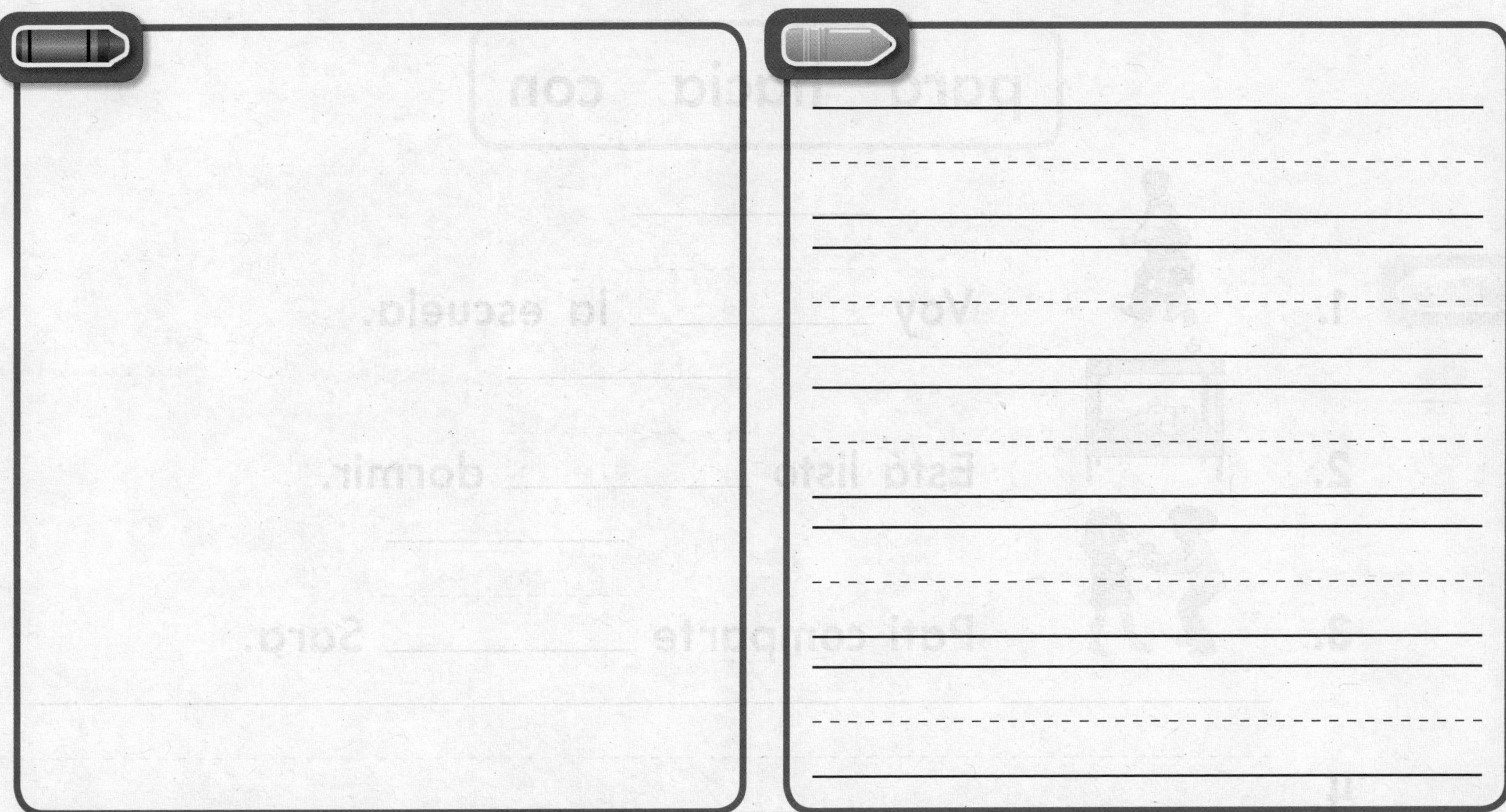

Instrucciones Hojee *¡Mírennos!* con los niños. Comente con los niños dónde podrían averiguar qué cosas hacen los niños en la escuela. Vaya a la página 13. Pida a los niños que lean el texto y hagan preguntas sobre la foto para reunir información sobre algunas de las cosas que los niños pueden hacer en la escuela. Pida a los niños que registren la información que encontraron usando palabras y dibujos.

Nombre ______________________________

Preposiciones: *para*, *hacia*, *con*

para hacia con

1. Voy __________ la escuela.

2. Está listo __________ dormir.

3. Pati comparte __________ Sara.

4. ______________________________

Instrucciones Comente las ilustraciones con los niños y lea las oraciones incompletas en voz alta. Pida a los niños que completen las oraciones y escriban una preposición del recuadro en la línea. Pídales que escriban una oración completa usando una de las preposiciones. Pida a los niños que comiencen la oración con letra mayúscula y que la terminen con un punto. Pídales que muestren las oraciones a la clase.

Nombre ____________________

día de mira tomar tengo ayudar abajo llevar

1. ¡Mira! ____________ una carpa nueva.

2. Voy a ____________ un martillo.

3. Papá me va a ____________ .

4. ¿Te gusta la carpa ____________ los niños?

Instrucciones Pida a los niños que lean las palabras del recuadro y observen las ilustraciones. Pídales que identifiquen la preposición. Luego, pídales que escriban la palabra correcta del recuadro para completar las oraciones. Pida a los niños que lean las oraciones completas en voz alta.

Pida a los niños que señalen y digan los nombres de las letras que reconocen en la página. Luego pídales que digan otras oraciones usando todas las Palabras que quiero saber.

Nombre ______________________

Instrucciones Ayude a los niños a **generar ideas** para la escritura. Pídales que escriban las ideas para sus poemas debajo de *Mis ideas*. Guíe a los niños para que escriban palabras o hagan dibujos que digan algo sobre las ideas.

Nombre ______________________

2.

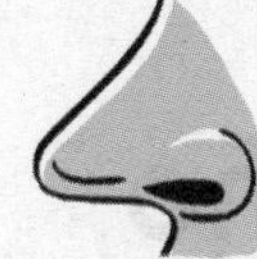

Instrucciones Pida a los niños que escriban su nombre en la parte superior de la página. Pídales que nombren las letras del recuadro y que las tracen. Luego, pídales que nombren las ilustraciones y escriban *Tt, Cc* o *Nn* al lado de las ilustraciones cuyos nombres empiecen con esas letras.

Recuerde a los niños que escriban las letras mayúscula y minúscula de manera que puedan leerse con facilidad, de izquierda a derecha y de arriba hacia abajo.

Nombre ______________________

Palabras con *t, c, n*

1.

caña caja

2.

todo toro

3.

niño moño

4.

taza tapa

Instrucciones Pida a los niños que observen la primera ilustración. Luego, pídales que encierren en un círculo la palabra que coincide con la ilustración. Repita el procedimiento con las otras ilustraciones y las otras palabras.

Pida a los niños que vuelvan a decir las palabras que coinciden con las ilustraciones. Luego, pídales que piensen en más palabras que rimen con cada una.

Nombre ______________________________

Mi poema

Instrucciones Ayude a los niños a **desarrollar un borrador** de lo que escribieron. Anímelos a usar las ideas que escribieron en la página 112 del Cuaderno de práctica como guía para escribir borradores de los poemas.

Recuerde a los niños que podrán agregar más detalles a los poemas en otra etapa del proceso de escritura. Pídales que usen lo que saben acerca de las letras y las palabras para escribir los poemas. Recuérdeles que usen palabras que rimen.

Nombre ______________________________

Repaso: Todas las letras

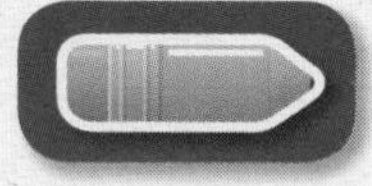

1.

zorro gorro

2.

hacha leche

3.

pato bate

4.

gato auto

Instrucciones Pida a los niños que observen la primera ilustración. Luego, pídales que encierren en un círculo la palabra que coincide con la ilustración. Repita el procedimiento con el resto de las ilustraciones y las palabras.

Pida a los niños que piensen grupos de palabras que empiecen con la misma letra. Por ejemplo, *Cata come caramelos.*

Nombre ______________________________

Comprender a los personajes

Comportamiento del personaje	Sentimientos del personaje
La señorita Bindergarten deja el salón de clases el último día de escuela.	

Instrucciones Diga a los niños que va a leer en voz alta una oración sobre un personaje del cuento. Pídales que hagan un dibujo de cómo se siente la señorita Bindergarten el último día de clases.

Pida a los niños que muestren sus dibujos y que hablen de cómo se siente el personaje. Pídales que nombren y cuenten algo sobre otro personaje del cuento. Recuérdeles que hablen con claridad y en voz alta para que los escuchen.

Nombre ______________________

Mi poema

Instrucciones Ayude a los niños a **revisar los borradores** que escribieron. Ayúdelos a leer los poemas que escribieron en la página 115 del Cuaderno de práctica. Hable de las oraciones y de los detalles que pueden agregar para hacer que los poemas sean aún mejores. Ayude a los niños a hacer rimas si es necesario. Pídales que escriban los poemas revisados en las líneas de arriba.

Nombre ______________________

Mi poema

Instrucciones Ayude a los niños a **editar los borradores** que escribieron. Ayúdelos a leer los poemas que escribieron en la página 118 del Cuaderno de práctica. Pídales que editen los borradores y escriban de nuevo los poemas en las líneas de arriba. Recuerde a los niños que dejen espacios entre las letras y entre las palabras, y que escriban oraciones completas. Recuérdeles que usen mayúscula en la primera letra de las oraciones y que terminen las oraciones con la puntuación correcta. Si lo necesitan, los niños pueden usar un diccionario ilustrado para verificar la ortografía.

Nombre ______________________________

Registrar y publicar una investigación

Instrucciones Hojee "Las escuelas: ayer y hoy" con los niños. Comente con los niños dónde podrían hallar más información sobre las escuelas de ayer.

Pida a los niños que documenten su investigación con palabras e ilustraciones. Pídales que publiquen su investigación escribiendo y compartiendo una oración completa con la clase.

Nombre ______________________________

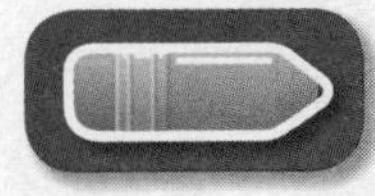

Preposiciones *a*, *sobre*, *de*, *en*

a	sobre	de	en

1.  Los libros están __________ la mesa.

2.  El pájaro llega __________ su nido.

3. La sopa está __________ el tazón.

4. ______________________________

Instrucciones Comente las ilustraciones con los niños y lea las oraciones incompletas en voz alta. Pida a los niños que completen las oraciones y que escriban una preposición del recuadro en las líneas. Luego, pídales que escriban una oración completa usando la preposición que queda. Pida a los niños que comiencen la oración con letra mayúscula y que la terminen con un punto. Pídales que compartan las oraciones con la clase.

Nombre ______________________________

Mi poema

Instrucciones Pida a los niños que **muestren** lo que escribieron. Pídales que escriban el borrador final de sus poemas en las líneas de arriba. Si lo desean, los niños pueden hacer dibujos para acompañar sus poemas en una hoja aparte.

Pida a los niños que se turnen para leer en voz alta los poemas y para mostrar sus dibujos a la clase. Recuérdeles que escuchen con atención y que hablen con claridad y en voz alta cuando leen sus poemas.

son	en
cómo	ser
los / las	van
este / esta	para

jugar

ella

hacer

todos

bien

no

dijo

él

tengo

día

tomar

mira

abajo

de

ayudar

llevar